見えない存在からメッセージを受け取る超実践ワークブック

LET'S HEAR THE VOICE OF YOUR GUIDE

K《けい》——著

SOGO HOREI PUBLISHING CO., LTD

光り輝く星、地球で、
人生という
旅をすることにした私たち

どんなところかなぁ？ ワクワク
怖いことも あるのかなぁ？ ドキドキ

未知の世界、地球に
期待と不安でいっぱい

でも、大丈夫

見えない守護者さんたちが
あなたの人生を
導いてくれます
彼らは、
あなたの絶対の味方！

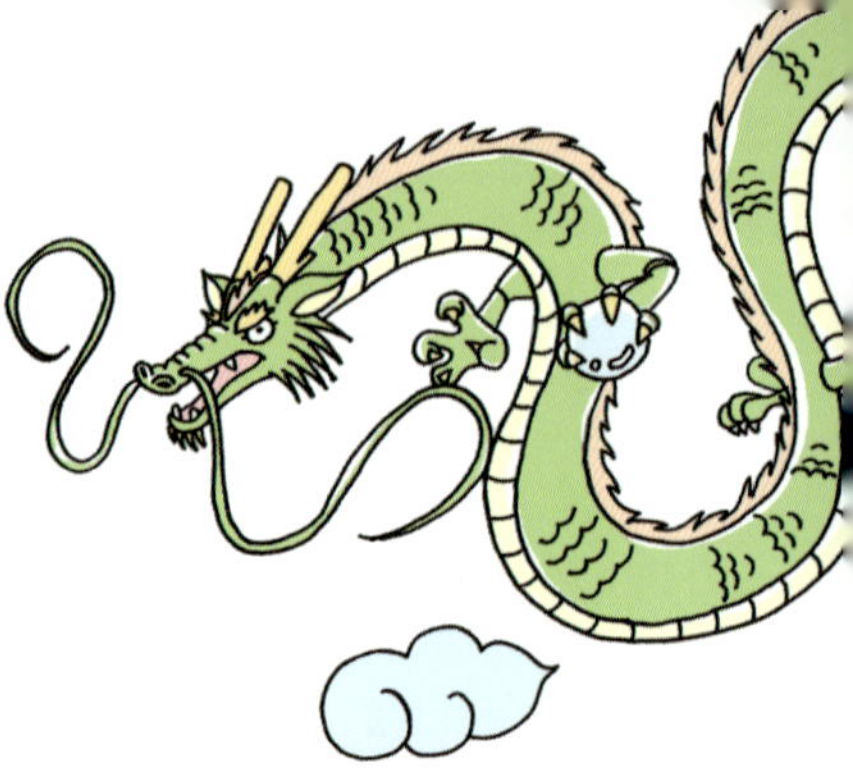

ただ、彼らの存在は
見えないから、

気づかないことも
とっても多い

彼らの声に、
耳を傾けてみませんか？

あ、やっと気づいてくれた？

はじめに

みなさん、こんにちは。

私はブログや本で「見えない世界」についてご紹介している「K《けい》」といいます。

見えない世界とはいわゆる、「宇宙・天」や「霊的な世界」のことです。


私たちは、この地球を選んで生まれてきました。何が起こるかわからない、未知の星。ドキドキしますよね。その中で人生を生きることは、長い旅をするようなものです。

でも、あなたは一人ぼっちでこの旅にきたわけではありません。あなたの人生を導いてくれる**頼もしい守護者たちが、あなたをずっと見守ってくれている**のです。

守護者というと、守護霊を思い浮かべる方が多いかと思いますが、実は、守護霊の他にも、あなたを守護してくれるたくさんの存在がいるのです。

私は彼らのことを〝守護者〟と呼んでいます。

それは、守護霊、天使、女神、龍神、妖精、といった見えない存在たちのことです。

彼らは、私たちが必要なときに必ず、より良い人生の流れに導いてくれるメッセージを送ってきてくれます。
私は、彼らのメッセージを受け取ることで、数々の人生の課題を乗り越え、奇跡のような素晴らしい体験をし、人生をより良くしてきました。彼らのメッセージは、私たちが想像もできないようなはるかなる温かな愛からきているのです。

あなたも、そんな守護者たちからのメッセージを、受け取ってみたいと思いませんか？守護者は目には見えないため、そのメッセージに気づかず、受け取ることができないことが多いものです。しかし、本書でご紹介する**「3つの秘策」を練習し身につけることによって、誰でも、守護者からのメッセージを受け取ることができるようになるのです。**

そして、この「3つの秘策」を使うことで、あなたはよりスムーズにあなたの夢や目標を達成することができるようになります。その叶えられた夢や目標の1つひとつは、あなたの人生の宝物となることでしょう！　さあ、ガイドである守護者たちからのメッセージを受け取り、あなたの夢を叶える冒険の旅に出てみましょう。

その宝物を手に入れる地図がこちらです！

受け取れるようになることで

冒険航路

人生は夢を叶える
冒険の旅です

I 守護者の存在を知る

まずは、守護者たちの
存在についていろいろと
知りましょう!!

II 準備

守護者たちからメッセージ
を受け取る準備を
しましょう!!

秘策①

III 守護者の声を聞く

守護者たちの声を聞く
トレーニングを
しましょう!!

あなたは多くの
守護者たちから
しっかりとサポートされ
深く愛されています
この書物に書かれている
「3つの秘策」をマスターすることで
あなたは守護者たちからの

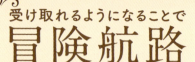

見えない存在からメッセージを

夢を叶える

「3つの秘策」を使って行動
夢を叶えていきましょう

Ⅵ あなたへのメッセージ

直観に従いパッと開いた
ページにあなたへのメッセージ
が書かれています!!

秘策③

Ⅴ 心の声から守護者のメッセージを受け取る

心の声をメッセージに
変換するトレーニングを
しましょう

秘策②

Ⅳ シンクロニシティの解読

シンクロニシティ（偶然の一致）
からメッセージを受け取る
トレーニングをしましょう!!

メッセージを受け取ることが
できるようになります
さあ！ 守護者たちと共に！
あなたの夢を叶える
人生の冒険の旅に出ましょう!!

どうでしょうか？　見えない存在たちからメッセージを受け取り、あなたの夢を叶えていく冒険の旅。とてもワクワクしてきますよね！

どうして私が「見えない世界」のことをお伝えするようになったかといいますと……20代の初めの頃から、私の日常で、普通では考えられないような、様々なシンクロニシティ（偶然の一致）が、頻繁に起こるようになったのがきっかけです。

それは、単なる偶然で片づけることができないくらいの頻度でした。

「どうしてこんなにも不思議な偶然の一致が起こるのだろうか？」

と疑問に思った私は、その原因となるものを様々考え、１つの仮説を立ててみることにしました。

それは、

「不思議な偶然の一致は『天使たち』が起こしてくれているのでは？」

というものです。

自分でも「少しぶっ飛んだ仮説だな……」と思いましたが、それほど私の日常に不思議な偶然の一致が多発していたのでした。

「未知なる存在である天使ならば、きっとこのような、不思議な偶然の一致を起こせるだろう」と思ったのです。

そしてさらに、「ちょっと突飛かな？」と思いつつも、「もしも、天使が存在するならば、その証拠を見せてくれ！」と天使たちに本気でお願いをしてみました。

すると、たちまち不思議な出来事が起こることになりました。

ある日私は、CDショップで「トニー・マカパイン」というギタリストのCDを買いました。

部屋でそのCDを開封すると、驚いたことに、そのCDケースの中には全く別のアーティスト「U2」のCDが入っていたのです。

こういうちょっと驚くような出来事は、何か意味があるはずです。

その「U2」のアルバムのタイトルは「Octorber（10月）」というものでしたので、「10月2日」に何かあるのでは？　と考えたのです。

そして、その数日後、さらなる驚くべきことが起こりました。

それは、本屋で「なんとなく」気になる本を手にして、パッとページを開くとそこに、

「10月2日」

と書いてあったのです！

そしてその先には、

「10月2日は守護天使の日です」

と、書かれていました。

「えええっ！　こんなコトが起きるとは……」

これには正直、私もびっくりしました！　驚愕でした。

「もしも、天使が存在するならば、その証拠を見せてくれ！」

と私が天使たちにお願いをしたら、天使たちはこのような不思議な偶然の一致を起こして、私にその存在をアピールして来たわけなのです！

どうでしょうか？　ホントに驚きですよね。

「ああ、天使ってホントにいたんだ……」

と、驚きとともにそう感じました。

そんな中、またまた追い打ちをかけるかのように、私に「見えない世界」が存在するということを知らしめる決定的な出来事が起こりました。

それが「体外離脱」です。

その日、私は床で眠ってしまっていたのですが、気がついたら身体から抜け出して、なんと！　部屋の床１ｍくらいの高さのところに浮かんでいたのです！

「ん？　今おれ、空中に浮いている!?」

そして、ふとななめ上を見ると、そこにはなんと！　金色に輝く私の守護者が浮かんでいたのです！


私はこのとき、その存在を実際に見てしまったので、

「ああ、見えない天使や守護者って本当にいたのかっ！　マジだったのだなっ！」

と確信するに至ったわけです。

そして、その後も様々な不思議な現象を体験することになり、そこからわかったことを、ブログや本を通じて、みなさんにお伝えしているのです。

私が数多くの不思議な体験を通してわかったことの１つは、**「誰でも守護者たちからメッセージを受け取ることができる」**ということです。

そして「守護者たちの声を聞きたいけど、実際どうやったらいいのでしょうか？」という問い合わせが多数あるということもあり、今回、守護者たちからメッセージを受け取る方法を、具体的に「ワーク形式」にまとめてみたというわけなのです。

守護者たちのメッセージを受け取れるようになると、人生の展開が加速して、人生そのものがより良くなっていきます。

人生には「流れ」というものがありますが、守護者たちからのメッセージを受け取ることで、その「よい流れ」に乗ることができるのです。

そしてまた、人生の「よい流れ」から逸れてしまったときには、「よい流れ」に戻りやすくもなるのです。

人生の「よい流れ」に乗ると、自分の人生の進むべき方向性が見えてきて、ワクワクする出来事が増えてきます。平たく言うと「運が良くなる」わけです。

是非、あなたも守護者たちからメッセージを受け取り、人生の「よい流れ」に乗っていただきたいと思います。


守護者たちからのメッセージを受け取り、それを参考にして行動をすることで、あなたの人生は確実により良くなっていきます。

「具体的にどう良くなるのか?」を少しご紹介すると、次のようになります。

・人生の展開がスムーズになる
・自分の夢が叶いやすくなる
・人生の失敗が少なくなる
・人間関係が良くなり、楽しい人生となる
・毎日がいきいきとして生活するようになる
・心が穏やかになり、幸せを感じるようになる
・運が良くなり、楽しく幸運な出来事が多くなる……etc.

どうですか？　とても面白そうではないですか？

それではここで、実際に私のところに寄せられた、「守護者たちからのメッセージを受け取り、より良い生活に活かしている方々の体験例」をいくつかご紹介しましょう。

◎頭の中に守護者たちからの声が響く感覚がわかるようになりました。私が悩んでいるときに『相手にもイイところがあるのだから、そこを見てあげなさい』というメッセージを受け取ることができました（Aさん）

◎シンクロからメッセージを受け取り行動に移すことで、人生の流れがスムーズになり、自分の望む人生に近づいてきました（Bさん）

◎守護者からのメッセージを受けて、愛と調和のエネルギーで、相手の立場になって考えたら、本当に心がスッキリしました。人間関係がより良くなりました（Cさん）

この様に、守護者たちからメッセージを受け取り、実際に人生をより良くしている方々がどんどんと増えてきているわけなのです。素晴らしいことですね！

守護者たちからのメッセージを受け取ることは、その構造を理解して練習することで、誰にでもできるようになります。

さあ、次はあなたの番です！

あなたも守護者たちからのメッセージを受け取り、それを実際の生活に活かしてみましょう。本書では、そのためのコツを詳しく説明していきます。

そして、練習問題を解いていくうちに、あなたも守護者たちからのメッセージを受け取る方法を、自然と理解できるようになりますので、楽しみに読み進めてください。

それでは、これから私「Ｋ」が、とても楽しい「守護者たちと仲良く生きる新たな世界」へとご招待いたしましょう。


「Ｋ」

目次

第1章 守護者はなんでも知っている！

第2章 さぁ、守護者のメッセージを受け取る準備をしよう！

第3章 秘策① 守護者の声を聞いてみよう!

第4章 秘策② シンクロニシティを解読しよう

第5章 秘策③ 心の声から守護者のメッセージを受け取ろう

12のメッセージ〜守護者から、あなたへの魔法の言葉

第1章

守護者はなんでも知っている！

LET'S HEAR THE VOICE
OF
YOUR GUIDE

守護者はあなたの人生のガイド

先ほど少しご紹介したように、守護者たちとは、守護霊、天使、女神、龍神、妖精、といった見えない存在たちのことです。

守護者たちは、あなたの人生の冒険に必要な「アイデア」や「メッセージ」、「エネルギー」などを、あなたに送り届けてくれるのです。

そして、あなたにも、あなたを担当してくれている守護者たちがいます。

この守護者たちは生まれる前から、これまでのあなたをずっとサポートしてくれているのです。

実は、あなたは守護者たちに、とっても大切に愛されているのです。

その他にも、あなたが望めば、いろいろな「状況」や「ケース」に応じて

複数の見えない存在たちが、あなたをサポートしてくれるようになります。

そうなのです。あなたが望めば、天使や女神たちといった、いろいろな守護者たちと関わり合いながら、あなたの人生の冒険をよりスムーズに進めていくことができるのです。

ところで、「あなた」と「守護者たち」は、どういう関係にあると思いますか？

それを理解するために、ちょっと次のことを考えてみましょう。

「もしも、あなたがいきなりジャングルやアルプスに冒険に行くことになったら、どうしますか？」

あなたは、アルプスに行くには専門の山岳ガイドを、ジャングルに行くにも、まず、その道の専門のガイドを探すのではないでしょうか。

テレビ番組などで、僻地に行ったタレントさんを案内しているガイドを、見たことがあると思います。

「こちらの道ですよ」

「その水は飲めますよ」

「その植物は食べられませんよ」

と、ガイドから様々な情報をもらいながら旅をすれば、安心して冒険を進めることができますよね。

これを、自分の人生に置き換えてみたらどうでしょう？

地球という未知なる世界で生きることは、紛れもなく大冒険です。

私たちはこの地球という大きな惑星に、ガイドもなく独りぼっちでやって来たのでしょうか？

ジャングルやアルプスに行くのにもガイドがいるのに、この大きな地球へ来たというのに、ガイドがいないなんてちょっと変ではないでしょうか？

ここで、あなたに朗報です！

あなたは、この地球に来るときに、ちゃんと有能なガイドを連れてきているのです。それが、目には見えない存在の守護者たちなのです。

そして守護者たちは、あなたに必要なアイデアやメッセージを贈ってきてくれているのです! いや〜よかった! これで人生の冒険も安心ですね!

「ん?……あれ?……いやいや、ちょっと待って……私、そのガイド、見えないし声も聞こえないんですけど! もしかして、私は守護者のサポートが受けられないの?? サポートを受けられるのは、特別な人だけ?? どうしよう、遭難しちゃう!」

なんて思った方もおられるのではないでしょうか。

「確かに、ジャングルやアルプスのガイドたちは、姿が見えるし、言葉も聞こえる。しかし、もしもジャングルのガイドの姿が見えず、その声も聞こえなかったら大変じゃないか? 困ってしまわないだろうか?
そう考えると、私たちのガイドたちは姿が見えず、その声も聞こえないのだから、これってマズくないのだろうか?」

なかなかスルドイ意見です。とても重要なことに気がつきましたね。

これでは、「ガイドがいても意味がないのでは？」と思ってしまう気持ちもよくわかります。


しかし、ここであなたにさらに朗報です！

はじめにでもご紹介したように、声が聞こえなくても、メッセージを受け取る「秘策」があるのです！

しかも3つも存在します！

それをマスターすれば、あなたも守護者たちからメッセージを受け取ることができるようになるのです。

つまり、あなたの人生の冒険も安心して進めることができるようになるわけです。

そして、この本はその「秘策」をマスターするためのワークブックなのです。


どうでしょうか？

あなたが秘策をマスターして、守護者たちからメッセージを受け取り、人生の冒険を安心して快適に進んでいく姿をイメージしてみてください。

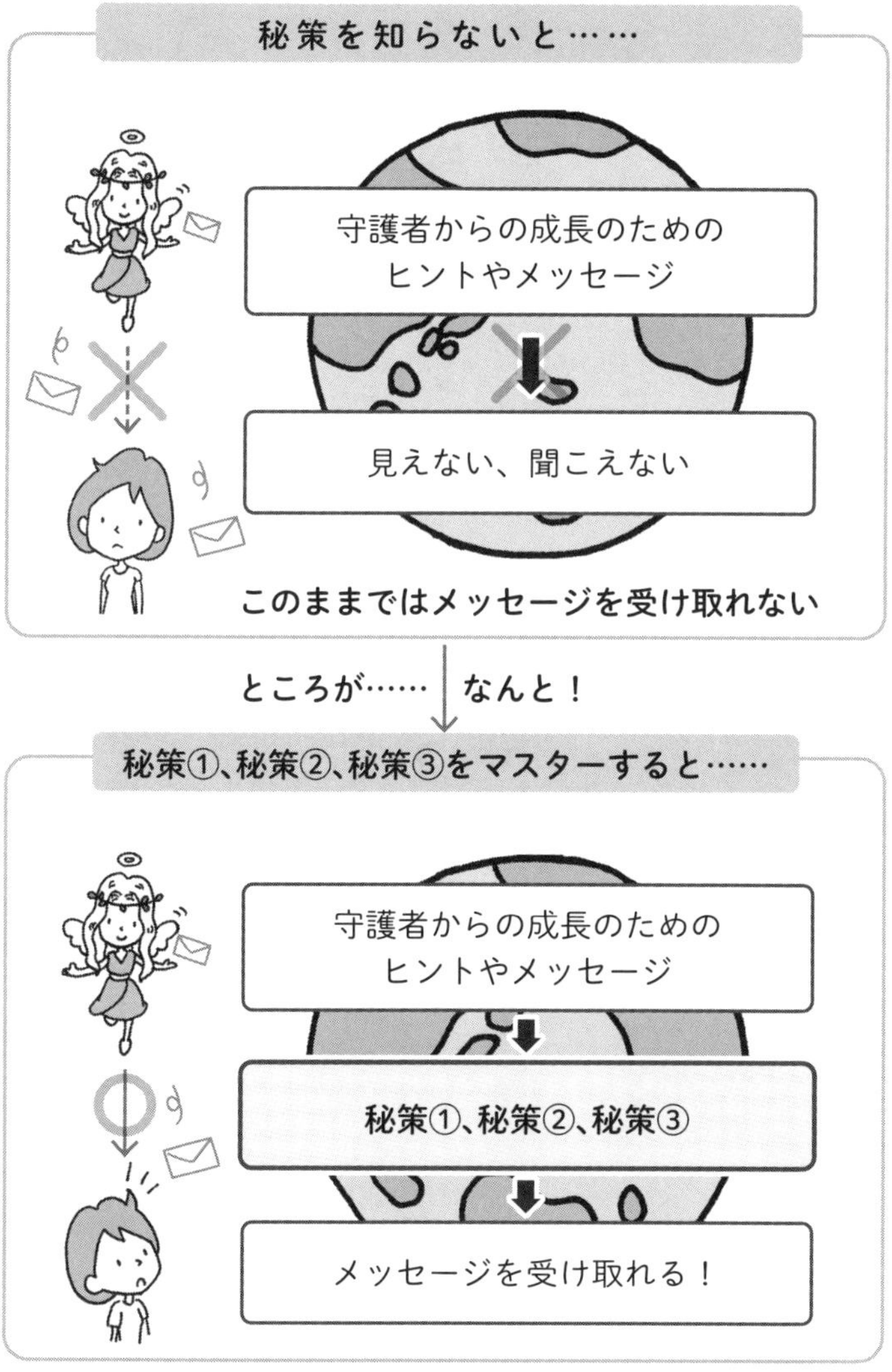
秘策を知らないと……
守護者からの成長のためのヒントやメッセージ
見えない、聞こえない
このままではメッセージを受け取れない
ところが……
なんと！
秘策①、秘策②、秘策③をマスターすると……
守護者からの成長のためのヒントやメッセージ
秘策①、秘策②、秘策③
メッセージを受け取れる！

なんだかワクワクしてきましたね。

秘策の具体的な実践方法については、第3章以降で詳しくご紹介いたしますので、楽しみにしていてくださいね。

なぜ、守護者のメッセージが大切なのか？

なぜ、守護者たちからのメッセージが大切かというと、「自分の想像を超えたアイデア」が届けられることがあるからです。

これは、**「自分1人だけでは手が届かなかったところに、守護者たちからのメッセージを活かすことで手が届くようになる」**ということです。

たとえば、あなたが本屋にいたとしましょう。

そして、あなたに必要な情報が書かれている本が棚にあったとき、あなたはその本の存在に気づかずに通り過ぎようとしています。

そんなとき「そこの本を手に取ってみて」と頭の中に言葉が浮かんだらどうでしょうか？

それが守護者からの声だと気がつけば、きっとあなたはその本を手に取りページをめくってみることでしょう。

そしてそこには、なんと！　あなたが必要としていた情報が書かれているのです。

しかし、もしも守護者からの「そこの本を手に取ってみて」というメッセージを受け取らなかったら、あなたはその本の存在に気づかずに通り過ぎてしまうわけです。

このように、私たちには気づかないことでも、守護者たちは「そこに必要としている本があること」も知っていて、それを私たちに知らせてくれるのです。

つまり、守護者たちのおかげで、自分だけでは手が届かなかった情報に手が届いたわけです。

他にも、あなたが直面している問題の解決のヒントをくれたりもします。

人は悩んでいるときは、とかく視野が狭くなりがちで、大切な何かを見落としがちとなります。

そんなときに守護者たちは「あなたが気づいていないところ」を知らせてくれるのです。

守護者たちが問題解決につながるような良い考えを、あなたの頭の中に吹き込んでくれるのです。

そうすることで、あなたはよりスムーズに問題を解決できるようになります。

そして守護者たちからのメッセージを受け取ることで、「情報」の他にも、自分では手の届かなかった「アイデア」「モノ」「チャンス」「出会い」などを得ることができるようにもなります。

つまり、あなたの可能性が大きく広がるのです。そしてそのことで、夢が叶いやすくなったり、人生の展開が加速したりするといったわけです。

守護者たちからのメッセージは、「人生の冒険をスムーズに進めたいとき」や、「自分の考え方や行動が間違っていることに気づかないとき」の大切な道しるべとなります。

守護者たちのアイデアやメッセージをもとに、自分の夢や理想の生活を実現するために、間違った考え方があればそれを軌道修正して、より愛と調和の考え方に軌道修正していく。

そうすることで、確実にあなたの人生の道が開けるようになっていきます。

人生の冒険をより良くするために、守護者たちの声を大切に生きましょう。

そして、そのために「秘策」が存在しているわけなのです。

守護者からのメッセージは、自分で考えて、「愛と調和に基づき」判断をしよう

あなたが守護者たちからメッセージを受け取り始めると、守護者たちからの「アイデア」や「メッセージ」などが、ふと頭に浮かぶようになります。

そして、そのメッセージを実際の行動に移して、あなたの人生の冒険をより良くしていくわけですが、そのときとても大切なことがあります。それは、

「守護者からのメッセージは、最終的には自分でしっかり判断して、自分の意志で愛と調和をもって行動に移す」

ということです。

守護者たちは、あなたのことをとても理解してくれていて、それでいてあなたの成長に何が必要かもわかってくれています。

しかしこれは、普通の人間関係でも言えることなのですが、人生の選択は自分自身で判断して、自分の意志で決めるということが大切です。

たとえば、あなたが友人に何かを相談したとしても、「何も考えずにその友人の言った通りにするのではなく、そこで聞いた意見を参考にして、自分で判断する」ことが大切です。

もしも、仮にあなたが毎回毎回、「自分で判断することなく、その友人の言った通りに」行動していたら、どうなると思いますか？

その友人は「これではあなたのためにならないのではないか？」と考えはじめます。

そして、その友人は、あなたのことを応援し続けながらも、あなた自身でしっかりと考えてもらうために「あなたにアドバイスをすることを、しばらくやめておこう」と考えはじめるのではないでしょうか。

これは、あなたと守護者たちとの関係でも同じことなのです。**守護者たちのメッセージに頼り切ってしまうと、逆にメッセージを受け取りづらくなります。**

つまり、あなた自身が人生の冒険において「自分自身でしっかり判断して、自分の意志で愛と調和のもとに行動しよう」といった姿勢のときに、もっとも守護者たちからのメッセージが受け取りやすくなるわけです。

守護者たちからメッセージを受け取ったら、**しっかりと自分で判断して、自分の意志で愛と調和をもとに行動に移してみてください。**

それが、あなたの人生の冒険において、守護者たちからのメッセージを最大限に活かすコツとなります。

守護者は、常にあなたの人生が良くなるように メッセージを送ってくれている

守護者たちからのメッセージには、特徴があります。

それは、守護者たちは必ず、

「あなたの人生がより良くなるようなメッセージ」
「あなたが向上できる方向性のメッセージ」

を送ってくれるということです。

守護者たちは、あなたのことを本当によく理解してくれています。

そして、何をどうすれば、あなたが向上して、あなたの人生がより良くなるかも熟知してくれています。

そのため、あなたが受け取ったメッセージが**「あなたが向上して、あなたの人生がより良くなるようなメッセージ」**であれば、それは守護者たちからのメッセージだと考えても大丈夫だということになるのです。

つまり、必ずあなたの幸せにつながるものなので、安心してそのメッセージを行動に移せますよね！

また、守護者たちからのメッセージのなかには、思わず「ぷぷぷっ！」と吹き出してしまうようなユニークなものもあります。

実際、私も守護者たちから笑えるメッセージを受け取り、何度も「ぶぶぶっ！」と飲んでいたお茶を吹きそうになりました。

たとえば、あるときブログに「守護者に関するちょっとあほな記事」を書こうか迷っていたときでした。

ふとそばにあった『ロシア語会話集』が気になり、それをパッと開くと……なんと！ そこには「ナピシーチェ・パジャールスタ（書いてくださいませんか？）」と書いてありました。

私が「あほな記事」を書こうか迷っていたときなのに、守護者たちから「書いてくださいませんか？」と、これほどまでに丁寧な言葉でのメッセージが届いたのです。しかもロシア語で！ 私も思わず笑ってしまいました。

人生において笑いはとても大切なので、これもまたあなたの人生をより良くしてくれるメッセージなのです。

あなたは、守護者たちからのメッセージを活かしながら人生の冒険を進めると、成長しながら幸せな人生を送ることができるようになるのです。

守護者は、そのときの自分に合った言葉でメッセージを伝えてくれる

守護者たちはすべての人たちに、それぞれのレベルに合わせたメッセージを送ってきてくれています。

つまり、あなたの「段階」に合わせて、理解ができるようなメッセージを送ってくれているということです。

もしあなたが「小学生」だとしたら、小学生にもわかるようなメッセージを贈ってくれますし、「大人」のあなたには、大人がわかるようなメッセージを贈ってくれるのです。

さらには、実はあなたが「赤ちゃん」だったときにも、守護者たちは「大丈夫ですよ～」とか「安心してくださいね～」といった、「メッセージ」や「祝福の祈りや気持ち」をずっ

とあなたに贈ってきてくれていたのです。

あなたは、今までも、そしてこれからもずっと、守護者たちに愛されているのです。

とてもありがたくうれしいことですよね！

そして、もう1つ、驚愕の真実をお伝えしておきましょう。

実はあなたも「赤ちゃん」だった頃には、守護者たちの存在をしっかりと感じていたのです。

「赤ちゃん」というのは、より霊的な存在に近く、「頭での思考」ではなく「心の感覚によって知覚する能力」に長けています。

あなたも「心の感覚による知覚」を使っていた頃には、守護者たちの存在をフツーに感じることができていたのです。

しかし、人は成長とともに、「心の感覚による知覚」から「頭での思考」に切り替わります。そうすると、守護者たちの存在が薄れていくわけです。

どうですか？　ちょっとさみしいですか？

しかし大丈夫です！　ご安心ください！　守護者たちは今もあなたのそばにいます。

そして、大人であるあなたも「心の感覚による知覚」を再び使うようになれば、守護者たちとも再会を果たせるようになるわけなのです。


最近では、「心の感覚による知覚」を再び使うことによって、守護者たちと再会を果たしている方々が増えてきています。

そして、この本はそのためのワークブックなのです。

あなたも、守護者たちとの再会の時が近づいています。

ちょっとワクワクしてきますよね。

そのためにも、これから私と一緒に、しっかりとその練習をしていきましょう！

「心の感覚による知覚」

どうやらこれが「秘策」と関係がありそうですね！

守護者からのメッセージを受け取れると、こんなに人生が好転する！

守護者たちからのメッセージを受け取り、それを参考にして行動をすることで、あなたの人生は確実により良くなっていきます。

〝はじめに〟でも少しご紹介しましたが、「具体的にどう良くなるのか？」を次にたくさん挙げてみることにします。

- 人生の展開がスムーズになる
- 自分の夢が叶いやすくなる
- 人生の失敗が少なくなる
- 自分では気づかない、人生の軌道修正のポイントに気づけるようになる
- 睡眠中に、夢を通じて問題の解決方法やアイデアを受け取れるようになる
- 自分では気づかない、必要な「チャンス」「モノ」「情報」「出会い」を得られるようになる

・自分の天職に就いて、自分に合った仕事で世界に貢献するようになる
・より良い情報やアイデアが届けられ、仕事の成果が上がる
・幸せな結婚をして、幸せな日常生活を送るようになる
・考え方が変わり、自分自身の周波数が変わり、その結果として体調が良くなる
・人間関係が良くなり、楽しい人生となる
・毎日をいきいきとして生活するようになる
・心が穏やかになり、幸せを感じるようになる
・運が良くなり、楽しく幸運な出来事が多くなる

まだまだ実例を挙げたらきりがないほどです。

是非、あなたも守護者たちからのメッセージを受け取り、それを実際に活かして、あなたの人生の旅をより良いものにしてみてください。

守護者たちからのメッセージを受け取り、少し視点が変わるだけでも、あなたが見ている世界は不思議なほど彩を増すものです！

「秘策」をマスターすると、人生の様々なケースで役立つようになるのです。

守護者たちは、ありとあらゆる手段を使ってあなたにメッセージを送ってきてくれます。

大切なのは、**「そのメッセージにいかに気づくか」**です。

あなたの日常で起こる出来事や、あなたの目に映る文字や景色には、守護者たちからの

実はたくさんのメッセージが隠されています。

なかには「えええっ！　こんなことにもメッセージがあったの!?」というようなところにも、守護者たちからのメッセージは存在します。

その隠されたメッセージを「秘策」を使って、読み解いていくわけです。

ところで、あなたは守護者たちの声って、どのように聞こえると思いますか？

もちろん個人差もありますが、多くのケースでは「頭の中のちょっと後ろのあたり」から聞こえてくるのです。

これってちょっと面白いですよね！

実は、このことを知っておくと、守護者たちからの声が聞こえやすくなります。

詳しくは第3章でお話しいたしますので、どうぞお楽しみに。

第２章

さぁ、守護者の
メッセージを
受け取る準備をしよう！

LET'S HEAR THE VOICE
OF
YOUR GUIDE

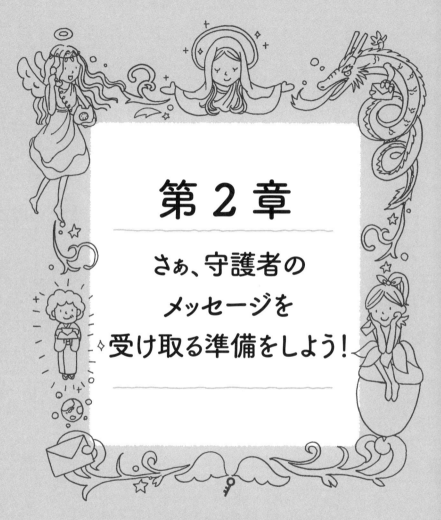

守護者は、たくさんいる

守護者というのは、あなたに対して1人がついているというものではありません。実は想像を遙かに超えるほどの多くの見えない存在たちが、あなたの人生を支えてくれています。

その様子をたとえるならば、

「曼荼羅図のように無数の守護者たちが、あなたの背後であなたという存在を支えてくれている」といったものになります。

「えええっ！　こんなにたくさんの存在たちが、支えてくれているの！」

と、いうくらい、とてつもなく多くの存在たちが、あなたを支えてくれているのです。

この曼荼羅守護者図のイメージができるようになると、心から安心感が溢れてきます。あなたの人生はたくさんの守護者たちに、愛され見守られているのです。

この世界に生まれ、物質化した身体が存在しているということは、それだけ多くの見え

あなたが幸せでありますように！

ない存在たちの祈りやエネルギーによって成立しているわけです。

あなたの人生の冒険が、より安定した心安らかなものとなりますので、この図のイメージはしっかりと心の中に持っておいてください。

そして、前章でお伝えしたように、

「あなたが愛と調和のもとに**望めば**、さらに多くの守護者たちと関わりながら、あなたの人生の冒険をよりスムーズに展開させていくことができる」

のです。

守護霊、天使、女神、妖精、龍神たちは、あなたが声をかけてくるのを待っています！

あなたも様々な守護者たちと仲良くなってみましょう！

守護者の紹介

ここでは、それぞれの守護者別に、その特徴や、つながるコツを解説していきましょう。

後ほど、あなたと共に人生の冒険に出る守護者たちを選んでいただきますので、「仲良くなりたい守護者はどれかな?」といった感じで、読み進めてみてください。

あなたが意識して「この守護者たちとつながりたい」という想いを持つことで、よりつながりやすくなりますので、しっかりと、「どの守護者たちとつながるか」決めてみてください。

あなたが願えば、守護者たちは必ずあなたのところへ来てくれます。むしろ守護者たちもあなたのところへ行くことを望んでいます。

なぜなら守護者たちも、あなたのように、この地球で「人生の冒険をする仲間」を探しているからです。

あなたが愛と調和のもとにしっかりと願えば、必ず守護者たちとつながることができます。

それでは、これからあなたの仲間となる守護者たちを紹介していきましょう!

守護霊

楽しい冒険仲間

性質	親身、生前の良い雰囲気を持つ
得られるもの	気づき、成長、幸運
こんな人におすすめ	日常に楽しみ喜びを 見つけたい人

守護霊は、元々この地上に生きていて、すでにこの世を去った方々で、あなたをサポートしてくれる存在です。

あなたが守護霊たちと人生の冒険に出ると、日常の中に「気づき」や「成長」そして「幸運」が多くなることでしょう。

守護霊は、すでにこの世を去った祖父母や両親といった、生前の家族や、仲が良かったペットなどのケースもありますが、あなたと生前に面識がなかったご先祖様であるケースもあります。

また、まったく生前のつながりも面識もなくても、あなたと考え方や人生の冒険の目的が似ている場合は、歴史上の偉人が、あなたをサポートしてくれるケースもあります。

あなたが気になる歴史上の人物を意識して、その人物の考え方や行動に共感して、行動していくことでつながりやすくなります。

「日常的なところに、自分らしく喜びや楽しみを見つけ出していく」という人生の冒険を展開していきたい方におすすめの守護者です！

天使

親しみの賢者

性質	気さく、親しみやすい
得られるもの	アイデア、発見、幸運
こんな人におすすめ	何か新しいことを始めたい人

天使というと、絵画などでは「赤子の天使」が描かれることも多いようですが、ココでは「大人の天使」をイメージしてみてください。

あなたが天使たちと人生の冒険に出ると、素晴らしい「アイデア」や「発見」、そして「幸運」の多い旅となることでしょう。

天使はどちらかというと中性的で、「人智を超えた立派な存在」といったイメージです。

なかには、ちょっと宇宙的で異星人的な存在ともいえる天使たちもいます。

とても立派な存在でありながら、それでいて、とても気さくで親しみに満ちています。

「ああ、こんな仲間がいたら本当にイイなあ」と思えるほど、理想的な性格の持ち主たちです。

「向上心」や「好奇心」そして「希望」を持つことで、天使たちとつながりやすくなります。

「何か新しいことを始めたい」、「アイデア」や「知識」や「情報」を得て人生や社会をより良くしていきたい、という方におすすめの守護者です。

ちなみに、私「Ｋ」は宇宙的な存在である天使たちが一番好きな守護者です。

女神

優しい癒し手

性質	優しい、母性に溢れいる
得られるもの	癒し、理解、幸運
こんな人におすすめ	愛と調和を 広めていきたい人

女神は、ものすごく温かくて優しく、母性溢れるエネルギーの存在です。

特に、「言葉を大切にする」「人を大切にする」「モノを大切にする」「家庭を大切にする」「仕事を大切にする」「人生を大切にする」といったように、何かを「大切にする」エネルギーに満ち溢れているところが特徴です。

あなたが女神たちと共に人生の冒険に出ると、「癒し」や「理解」そして「幸運」が多くなり、愛と調和のもとに優しく穏やかな流れが展開されていくことになるでしょう。

１つひとつのことを、丁寧に心を込めて進めていくことで、人生が展開されていきます。「愛と調和」「優しさやぬくもり」といったことを意識することで、女神たちとつながりやすくなります。

エレガントで優しいぬくもりや、愛と調和を広めていきたいという想いのある方に、おすすめの守護者となります。

龍神

行動派の勇者

性質	行動的、パワフル
得られるもの	成果、変化、幸運
こんな人におすすめ	世の中を良くしよう という熱い想いのある人

龍神はちょっとこだわりがある感じで、守護者たちの中では少しキビシメな存在です。
しかしながら、そのパワーは絶大です。

あなたが龍神と共に人生の冒険に出ると、「成果」「変化・成長」そして「幸運」が多く、とてもパワフルで、驚くべき速さの変化や、人生の展開が起こるようになります。

龍神はあなたに、そのためのエネルギーもチャージしてくれますので、不思議と身体がまったく疲れずに、活き活きと充実した日々を送れることになります。
そして奇想天外でとても楽しい冒険となることでしょう。

龍神とつながるためには、「社会を良くしよう」という気持ちを持ち「しっかりと自分を正していくこと」が最大のコツとなります。

どんどん「行動」して、どんどんと人生の新たな扉を開く冒険を展開していきたい方におすすめの守護者です。

特に龍神は、「世の中をより良くしよう!」といった気持ちに応えてくれますので「世の中を良くしようという熱い想い」を持っている方におすすめの守護者です!

妖精

自然派の可愛らしい存在

性質	自然を愛しむ、純真
得られるもの	くつろぎ、楽しさ、幸運
こんな人におすすめ	穏やかで自然が好きな方

妖精たちは、自然のエネルギーに満ち溢れたとても可愛らしい存在です。

あなたが妖精たちと冒険に出ると、「くつろぎ」「楽しさ」そして「幸運」が多く、純真でホッとするようなものになることでしょう。

また、植物や動物たちなどといった自然との触れあいを通じて、メッセージやエネルギーを受け取るようになります。

たとえば、妖精たちは人間関係を良くするために「ドングリの実」を運んで来てくれます。※

妖精たちはそのような自然のアイテムを使って、あなたの人生の冒険をサポートしてくれるわけです。

自然を愛する気持ち、動植物を愛する気持ちを大切にすることで、妖精たちとつながりやすくなります。

穏やかで自然が好きな方におすすめの守護者です。

※『妖精を呼ぶ本』姫乃宮亜美著（サンマーク出版）参照

守護者一覧

天使

守護霊

龍神

女神

妖精

つながりたい守護者を選ぼう！
～どの守護者でも、メッセージを受け取る方法は同じ

あなたがどの守護者たちを選んだとしても、メッセージの受け取り方は基本的に同じです。それではこれから、あなたが共に人生の冒険に出たい守護者を、右の一覧から選んでみてください！　もちろん、複数の守護者を選んでも大丈夫です。

ちなみに、私「Ｋ」は人生でやりたいことがとても多いので、ここで紹介したすべての守護者たちと関わりを持ちつつ仕事や生活をしています。ははは……。

あなたが選んだ守護者を、しっかりと○で囲み確定しましょう！

ピコーン♪　あなたが共に冒険の旅に出たいと感じる、好きな守護者を選びましょう！（複数選択可）

実際に、右の図から選んだ守護者たちを、えん筆やペンなど、もしくは指先で丸く囲んでみてください。

ピコーン♪　あなたの人生の冒険の旅を共にする、あなたの守護者たちが決まりました！

今、あなたが選んだ守護者たちは、これからあなたの人生を全力で応援してくれます。

自ら守護者を選び、その存在を意識することで、あなたと守護者たちの絆がより深くなります。

ピコーン♪　あなたは守護者たちから『メッセージ』を受け取りやすくなりました！

たとえば、女神を選んだならば、女神につながりたいと、愛と調和のもとにあなたが自分自身でしっかりと選んだのであれば、それで必ずつながります。ご安心ください。

自分の意志で守護者たちを召喚するようなイメージを持ってみましょう。

あとは、**「なるべく日常で守護者たちを意識して生活する」**と、よりメッセージが受け取りやすくなります。

守護者とうまく付き合うコツ
～基本は人間関係と同じ

守護者たちと上手く付き合うには、あるコツがあります。それは、**「日常の人間関係と同じように考える」**ということです。

第１章でもお伝えしたように、守護者たちは目には見えないので、なにか特別な存在のように考えてしまいがちですが、基本的には日常の人間関係と同じなのです。

つまり、**「守護者たちに頼り過ぎずに、自分の意志や考え方や行動力をしっかりと持った上で付き合う」**ことが大切となります。

誰かに何かを手伝ってもらったときには、その相手に「ありがとう」と伝えますよね。

それと同じで、守護者たちからメッセージを受け取ったときや、何かイイことがあったときには、守護者たちに「ありがとう」とか「センキュ！」と伝えてみてください。そうすることで、あなたと守護者たちのつながりが深くなっていきます。

こういったところも、日常の人間関係と同じなんですよね！

これから、あなたはあなたが選んだ守護者たちと共に、人生という名の冒険に出ます。あなたの夢を叶えるための冒険の旅です！

あなたの人生をより良くして、夢を叶えるために、守護者たちからのメッセージを受け取る練習をしていきましょう。

それではここで、あなたの叶えたい夢を明確化して、あなたの守護者たちにしっかりと伝えてみましょう。

あなたが叶えたい夢を3つ登録してください。それによって、あなたの叶えたい夢を守護者たちにしっかりと知ってもらうのです。

実はこれがとても大切なことなのです。

こうすることで、あなた自身の目的意識もよりハッキリしますので夢がより叶いやすくなります。

そして守護者たちも、あなたをよりサポートしやすくなるのです。

ピコーン♪　あなたが叶えたい夢を３つ登録しましょう！

次に、あなたの叶えたい夢を書き込みましょう。

もしくは、声に出して言ってみましょう。

あなたの叶えたい夢を３つ登録しましょう！

1 ……………………………………

2 ……………………………………

3 ……………………………………

ピコーン♪　あなたの叶えたい夢が、あなたの守護者たちに届きました！

あなたは自分の叶えたい夢を守護者たちに知ってもらうことに成功しました！

今、ここで登録した３つの夢を叶えるために、守護者たちはあなたに「アイデア」や「メッセージ」を送ってきてくれるのです。

守護者からのメッセージを受け取る３つの秘策

ここからいよいよ、あなたが守護者たちからメッセージを受け取るための「秘策」についてご紹介していきましょう。

その「秘策」は、３つあります。

秘策① 直接、声を聞く

１つ目の「秘策」は、「直接守護者たちの声を聞きとり、メッセージを受け取る」というものです。

「えぇっ！　守護者たちの声を直接聞けるようになるの!?」と思いましたか？

実は守護者たちの声が聞き取れるようになるための、とっておきの練習方法があります。

この練習を繰り返すことで、守護者たちの声がどのような感覚で聞こえるのかをつかめるようになります。

そして、あなたも守護者たちの声が段階的に聞こえるようになっていきます。

詳しくは第3章で一緒に練習していきましょう。

秘策② シンクロニシティを解読する

２つ目の「秘策」は「シンクロニシティの解読」です。

シンクロニシティとは「意味のある偶然の一致」のことです。この本の「はじめに」に書かれていた「天使のシンクロ」を思い出してみてください。

天使たちがシンクロを起こして、その存在を私にアピールしてきましたよね。

実はそのような「偶然の一致」は、守護者たちがあなたにメッセージを届けるために起こしているケースが多いのです。

そして、あなたもシンクロニシティを「解読」することで、そこに隠された守護者たちからのメッセージを確実に受け取ることができるようになります。

詳しくは第4章で一緒に練習していきましょう。

秘策③ なんとなく心に浮かんだ言葉（感じた感覚）から受け取る

そして3つ目の「秘策」は、「あなたが心に感じた『ワクワク』『モヤモヤ』『なんとなく』といった感覚を、『言葉に変換』して守護者たちからのメッセージとして受け取る」というものです。

守護者たちは、あなたに伝えたいメッセージがあるときには、あなたの心に「モヤモヤ」

などを感じるようにさせて、それを知らせてきてくれているのです。

あなたは「心に感じているコトを『言語化』する」ことで、そこに届けられた守護者たちからのメッセージを確実に受け取ることができるようになります。

詳しくは第5章で一緒に練習していきましょう。

メッセージの受け取り方には、人それぞれ得意分野がある
～守護者は、あなたに合った方法を選んでくれる

このように、守護者たちからのメッセージの受け取り方には、3つのパターンがあるのですが、人によって得意なパターンが異なります。

ある人は「直接声を聞く方法」でメッセージを受け取るのが得意かもしれません。

また、ある人は「シンクロニシティ」からメッセージを受け取ることが得意な人もいま

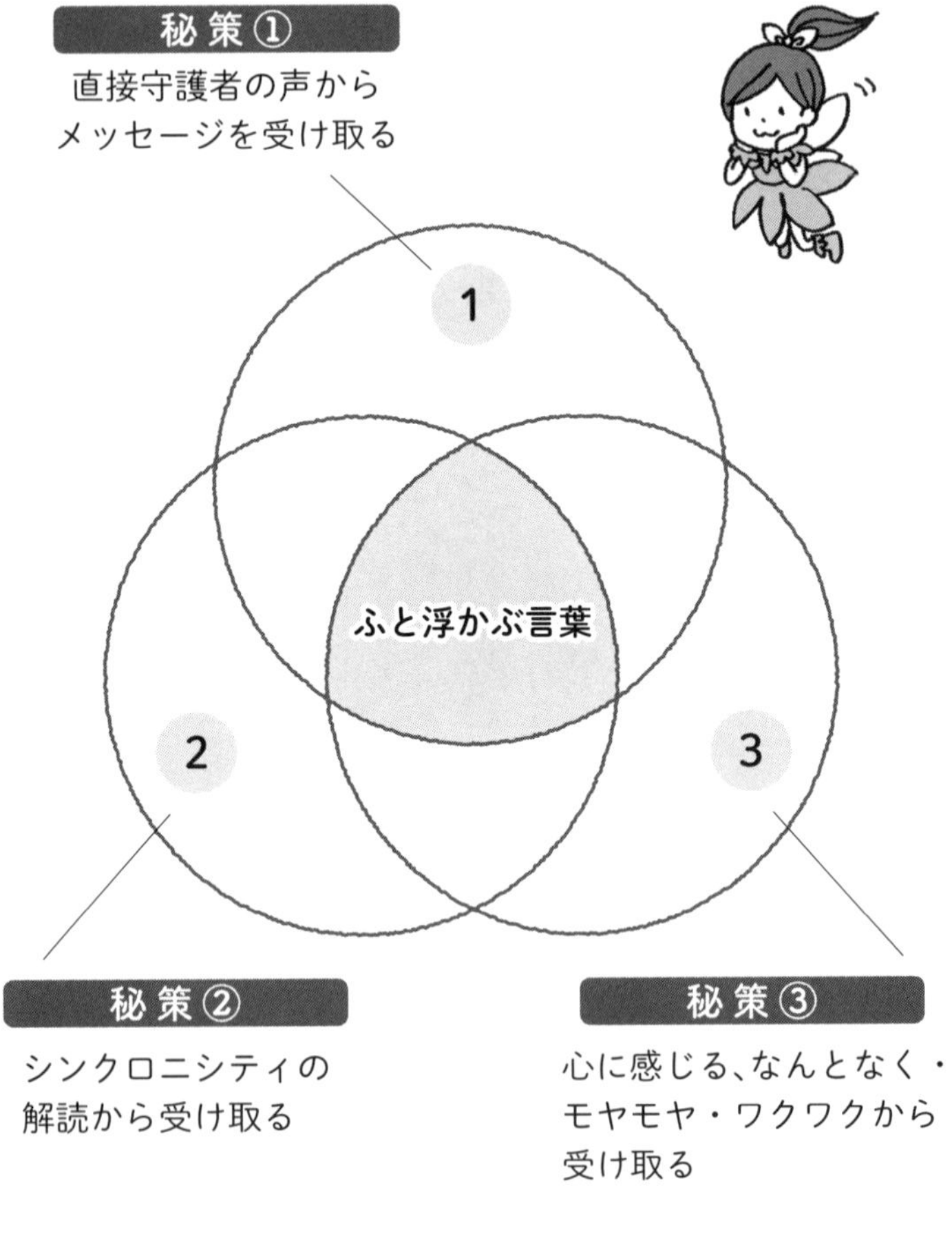
秘策①
直接守護者の声から
メッセージを受け取る
1
ふと浮かぶ言葉
2
3
秘策②
シンクロニシティの
解読から受け取る
秘策③
心に感じる、なんとなく・
モヤモヤ・ワクワクから
受け取る

す。

そしてまたある人は「心が感じる『なんとなく』『モヤモヤ』『ワクワク』」から受け取ることが得意な人もいるのです。

守護者たちも、あなたの「段階」や「状況」に応じて、あなたが一番受け取りやすい方法でメッセージを送ってきてくれますので、ご安心ください。

守護者があなたに「直接話しかけて」も、あなたがそのメッセージを聞き取れなかった場合には、次の手として「シンクロニシティ」や「心のモヤモヤ」を通じて、あなたにメッセージを送ってくれるわけです。

守護者たちはとても親切なのです。

また、1、2、3、いずれの方法においても、**「ふと頭に浮かんだ言葉」**がポイントになりますので大切にするようにしてください。

1つの方法に慣れてくると、だんだん1、2、3、すべての方法で守護者たちからのメッセージが受け取れるようになります。

楽しみにしていてくださいね。

愛と調和を意識しよう

守護者たちからのメッセージは、あなたがどのような状態であっても受け取ることは可能ですが、最もメッセージを受け取りやすい状態というものがあります。

それは、「愛と調和の状態」にあるときです。

あなたがエゴではなく、愛と調和の状態であるときに、最大限に守護者たちからのメッセージが受け取りやすくなるのです。

「愛と調和」、実はこれが人生の冒険をスムーズにする、キーワードなのです。

この言葉を意識するかしないかで、人生は大きく変わってきます。

すなわち、「愛と調和」は人生という冒険において必須のアイテムなのです。ちょっとステキな話ですよね！
是非、あなたの人生の冒険をするにあたって、この魔法の言葉を携えてください。

ピコーン♪　それでは、人生の冒険の旅を成功に導く魔法の言葉を唱えてみましょう！

実際に声に出して読んでみましょう。どうぞ！

あなたの人生のモットーは何ですか？

はい！　愛と調和です！

ピコーン♪　あなたは人生の冒険の旅を成功に導く魔法の言葉を手に入れました！

これで安心ですね。あなたは人生の冒険を成功に導く「魔法の言葉」を手に入れることができました。

さあ、これで守護者たちからメッセージを受け取る準備が整いました！

次からは、いよいよ守護者たちからのメッセージを受け取るワークに入っていきます。

いよいよ、守護者たちからのメッセージを受け取るための「秘策」を練習していくわけです。

それでは、あなたが選んだ守護者たちと共に、あなたの夢を叶える冒険に出ましょう！

第３章

秘策①

守護者の声を聞いてみよう！

LET'S HEAR THE VOICE OF YOUR GUIDE

守護者の声は、誰でも聞くことができる

さあ、いよいよあなたの人生の冒険がはじまりました！

まず、守護者たちの声を意識して「守護者たちから直接メッセージを受け取る感覚」を身につける練習からはじめます。これが１つ目の「秘策」です。

この、「守護者たちから直接メッセージを受け取る感覚」は、２つ目の「秘策」そして、３つ目の「秘策」においても、とても役立ちますので最初に練習をしてみましょう。

守護者たちの声を意識することは、メッセージを受け取る基本となるわけです。


あなたは守護者たちの声を聞くことは、特別なことと感じますか？

それとも、わりとフツーのことに感じますか？

守護者たちの声は耳では聞こえない周波数の言葉、つまりエネルギーなのです。

「え？　そんなものを聞くことなんてできるようになるの？」

と思われたでしょうか？

もちろんできます。それに、耳には聞こえない言葉を聞くという話は、今の時代ではそれほど不思議なことではないはずです。

たとえばラジオです。次ページの図を見てください。

あなたの周りにはたくさんの「耳では聞こえない言葉」が飛び交っています。その1つがラジオ局からの電波です。

ラジオは、その**「見えない『電波』をアンテナでキャッチ」して、「本体でその電波を言葉に変換」**しています。

すると、聞こえなかった電波が、ラジオを通して「言葉」として聞こえるようになるのです。

ラジオだけではなく、テレビや携帯も同じ構造です。

聞こえなかった周波数の電波を、テレビや携帯の本体が「言葉」に変換して、あなたにも聞こえるようにしています。

ラジオ＝周波数を言葉に変換する箱

つまり私たち現代人は、聞こえない周波数を「言葉に変換して」聞くということを日常的にフツーにやっているわけです。


どうでしょうか? ご理解いただけましたでしょうか?

この話をラジオも電波も存在しない江戸時代にしていたら理解してもらえませんが、私たち現代人はこのような話も充分に理解できるところまで進化しているわけです。

そしてもう一歩、進化の先に行ってみましょう。

これからの時代は、あなたも、聞こえない守護者たちの声を「言葉に変換」して、受け取っていくことができるようになっていきます。

ラジオが「聞こえない周波数」を変換して「聞こえる言葉」にしているように、実はあなたも同じく「聞こえない周波数」の守護者たちの声を変換して「聞こえる言葉」にすることができるのです。

是非このことを知って、進化の段階を一歩進めてみてください。

図にするとこうなります。

周波数＝このままでは聞こえない
おーい！
受信
ハートで感じて
おーい！
頭で言葉に
変換すると…
守護者たち
言葉
聞こえる！
心と頭＝周波数を言葉に変換する

先ほどのラジオの例では、ラジオ局からの「見えない電波をアンテナでキャッチ」して、ラジオの「本体でその電波を言葉に変換」しているとお話ししました。

それと同じように、私たちは、守護者たちからの「見えない電波を心でキャッチ」して、あなたの「頭でその電波を言葉に変換」することができるのです。

そうすれば、守護者たちの声が聞こえるようになります。

つまり、あなたも「心で感じたコト」を「頭で言葉に変換」すれば、守護者たちの声が聞こえるようになるわけです。

なるほど！　守護者たちの声を聞くには、心で感じたことを言葉に変換すればいいわけですね。

なぜ地球では、守護者たちの声が聞きづらいのか？

守護者たちの声が地球では聞こえづらい最大の理由は、「これまで守護者たちの声を聞く方法があるということを知らなかった」というものです。

そして、もう1つ理由があります。

第1章でお伝えしたように、人は「赤ちゃん」の頃には、守護者たちの声を「心の感覚による知覚」を使ってしっかりと聞いているものです。

しかし大人になるにつれて「心の感覚による知覚」ではなく、「頭脳で考える知覚」を優先的に使うようになってしまいます。

このことが、守護者たちの声を聞こえづらくしてしまっているのです。

誰でも（大人になったあなたも）「心の感覚による知覚」を使う練習をしていけば、フツーに守護者たちの声が聞こえるようになるわけです。

特別難しいことではありません。誰にでもできることですので、安心して、そして自信を持って取り組んでみてください。

あなたの人生の冒険で、あなたが守護者たちと、再び会話をするときが近づいてきましたね！

守護者たちは必要なときに語りかけてくれている
～守護者の声は頭の後ろから聞こえる

守護者たちはあなたのことを常に見守ってくれています。

そして、あなたの人生の冒険がよりスムーズに展開されるように、必要なときに必要なメッセージを届けてくれます。

ただ、必要なときに必要なメッセージが来るわけなので、いつもメッセージが来ているわけではありません。

特にメッセージが必要でないときには、もちろん何もありませんがご安心ください。

それだけに、守護者たちからメッセージが届けられているときには、確実に受け取り、活かしていきたいですよね！

ところで、あなたは守護者たちの声はどこから聞こえてくると思いますか？

それは、ケースにもよりますが、基本的には**「頭の中の後ろのあたり」**から聞こえてくることが多いのです。

ちょうど、聖母や天使などの絵画に描かれている、後光とか天使の輪のあるあたりです。

後ほど、詳しく解説しますが、今の段階ではこのようにイメージしておいてください。

聖母マリアにも、白衣観音《びゃくえかんのん》にも、洋の東西を問わず、聖母や聖なる存在たちには、必ず頭の後ろのあたりに後光が描かれていますよね。

これには、やはり深い意味があるのです。

あなたの頭の後ろ（聖母の絵画で後光が描

かれている位置）に、「守護者たちと会話をする装置」があるとイメージしてみてください。

守護者の声の聞こえ方の段階

それでは、ここで守護者たちの声が、実際にどのように聞こえるのかお伝えしましょう。

守護者たちの声の聞こえ方は、基本的にはあなたがどの守護者を選んでも同じですが、そこには「段階」があり、あなたがどの「段階」にいるのかによって、その聞こえ方は変わってきます。

具体的には、次のような段階を踏みます。

段階❶

頭の中に浮かんだアイデアや言葉を、「自分の力で『思いついた』」と思っています。

この段階は、自分の言葉と守護者たちの言葉の区別がまだついていない状態にあります。

段階❷

アイデアや言葉が頭の中に「ふと浮かんだ」気がします。

この段階では、アイデアや言葉を「自分の力で考え出したというよりも、自然と『ふと浮かんだ』」と感じるようになります。

段階❸

アイデアや言葉が頭の中に「響いた」「降ってきた」と感じます。

この段階では、アイデアや言葉を自分で考えたというよりも、「明らかに自分以外のところから頭の中にやって来た」と感じるようになります

段階❹

アイデアや言葉が頭の中に「聞こえた」気がします。

この段階では、「自分以外の何者かが、頭の中に話しかけてきたような気がした」と感じるようになります。ここまで来れば、あともう一歩です。

ゴール

守護者たちの言葉や声が聞こえたと感じます。

この段階は最終段階で、「ああ、これはもう明らかに守護者たちの声だな！」と、自分自身でハッキリとわかるようになります。おめでとうございます。ゴールです！

守護者たちの声は、このような段階を経て、その聞こえ方が変わってくるのです。

守護者の声ってどんな声？

守護者たちの声って、どんな声だと思いますか？

その声とは「実際の耳では聞くことができない声」であり、「音無き声」なので、実際は周波数とかエネルギーのようなものです。

守護者たちがあなたに話しかけるとき、その声はエネルギーとしてあなたのもとに届きます。

そして、そのエネルギーがあなたの頭の中で変換されて、言葉として頭の中に響くわけです。

つまり、届いたエネルギーを、あなた自身が頭の中でイメージして変換することで、声や言葉となるわけです。

それでは、実際にあなたが感じているエネルギーを声や言葉に置き換えてみましょう。

たとえば、あなたが、私「Ｋ」の声を、まだ実際に聞いたことがないとします。そして、今からここで私があなたの頭の中に直接話しかけます。

そして、あなたはその声を「ここまでこの本を読んできて、感じている私のエネルギーから自由に想像して声に変換」してみてください。

いいですか？

いきますよ。


こんにちは、「Ｋ」です！　ヨロシク！


どうですか？

どんな声もしくは言葉として響きましたか？

どのように感じましたか？

守護者たちの声も、ちょうど、こんな感じであなたの頭の中に響くわけです。

守護者たちのエネルギーを、あなた自身が声や言葉に変換するわけです。

そして慣れてくると、より正確に守護者たちのエネルギーを声や言葉に変換できるようになります。

このとき、女神に関しては、その声はとてもわかりやすいと思います。

女神は「とても女性らしく、ものすごく優しいエネルギーの存在」ですので、メッセージを受けると、間違いなく「ああ！　これは女性エネルギーの守護者だ！」と感じることができます。

するとあなたは、そのエネルギーを「とても優しい女性の言葉」に自然と頭の中で変換するわけです。

他の守護者については、次のようになります。

妖精のエネルギーは、とても可愛らしく、純真な子どもたちのようです。

龍神のエネルギーは、とてもパワフルでちょっと威厳のあるような感じです。

守護霊に関しては、他とは少し異なります。

守護霊というのは、元々、自分の家族やご先祖様のケースが多いので、生前の本人を知っている場合は、その本人の声に変換されて声が聞こえてくるのです。

たとえば私の場合、他界した父親の声が聞こえるときは、「生前の父のそのままの声」に変換されて聞こえてきます。

ある意味当然のことなのですが、私は父親の声をしっかりと覚えていますので、私の頭の中では、生前の父親のしゃべり方や声色《こわいろ》までハッキリと正確に変換されるのです。

守護者の声を聞くコツ
～聞こえたと思った声を否定しない

最初の段階では「自分の頭の中で考えている声」と「守護者たちの声」の区別がなかなかつかないこともあるかと思います。

守護者たちの声の見分け方のポイントとしては、次のようなものがあります。

- 守護者の声は自分の外からやってきて、頭の中に「響く」「降って来る」感覚のもの
- 明らかに自分では思いつきそうもないアイデアや言葉である
- 自分の間違いを正してくれる声である
- 愛と調和の内容の声である
- あなたが成長できる方向性の声である

これらの項目を参考にして、あなたの声と守護者たちの声を見分けてみてください。


守護者たちの声を聞く最大のコツは、**「聞こえたと感じた声を受け入れていく」**ことです。

自分自身が感じた感覚を信じて、受け入れていくのです。

ただしその際は、その声が「愛と調和」「自分が向上できる方向性」のものかどうかを、

しっかりと確認してください。
そこさえチェックすれば大丈夫です!
あとは、あなたが感じた感覚や声を肯定して、受け入れていきましょう。
そうしていくことで、どんどん上達していきます。

「なんとなく守護者たちの声が聞こえたかも……」

と感じたら、

「やったー!　守護者たちの声が聞こえた!」

と思いっきり肯定してしまってください!

これが、守護者たちの声が聞こえるようになる、最大のコツです。
あなたが感じた感覚をどんどん肯定していくことで、守護者たちの声がどんどんわかるようになっていくのです。

シナリオワーク
～頭の前後で会話をしてみる

それでは、いよいよこれから「守護者たちから直接メッセージを受け取る感覚」を身につけるための「練習」をしていきましょう！

この練習をすることで、守護者たちとの会話の感覚がつかめるようになります。この練習法を「シナリオワーク」と言います。

それでは、そのやり方をご説明しましょう。

「頭の前の方」を自分、そして「頭頂近くの後頭部」を守護者として、会話をしてみます。図にすると次ページのようになります。

あなたは、考え事をするときには、自分の頭のどのあたりを使いますか？

多くの方が、図の「A：顔や頭の前のあたり」と答えるかと思います。

一方、守護者たちの声が聞こえてくる位置は、図の「B：絵画などにみられる天使の輪

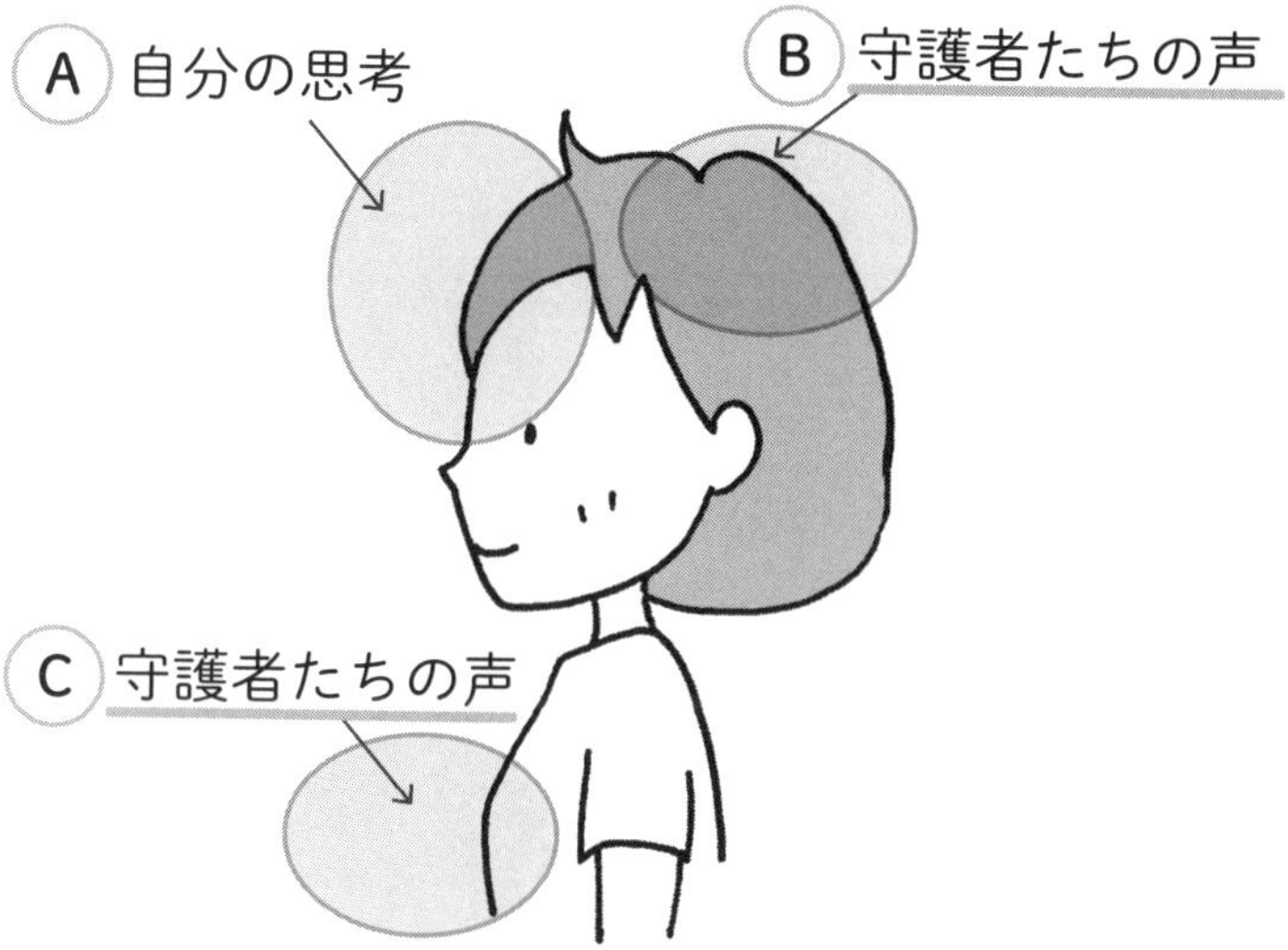

や後光があるあたり」もしくは「C：ハートのあたり」になります。

そのあたりに、守護者たちからの言葉をキャッチする受信機があるとイメージしてみてください。

あなたと守護者たちの会話は、このAとBとのあたりで行われるのです。

つまり、自分の声がAのあたり、守護者の声がBのあたりで聞こえるわけです。

ただ、図のCの位置のような、自分の身体の外や心のあたりから声が響いてくるように感じるケースもあります。

守護者たちの声が聞こえてくる場所や、自分の思考の位置は、人によっても少々異なります。

私の場合、もちろん「頭の前面」でも思考はしているのですが、正確な位置は「顔の口元のあたり」といったほうが正しいかもしれません。
A、B、C、どこでも、あなたが一番やりやすいと感じる位置をイメージして行えば大丈夫です。

守護者の声を聞く準備として、頭頂後頭部あたりに、守護者たちを招き入れるためのイスや座布団を置くイメージをしてみるのもいいかと思います。

もちろん、それをしなくても大丈夫です。

ご自分がやりやすいイメージで、行ってみてください。

また、深呼吸をして気持ちや周波数を整えるのもいいかと思います。

それでは実際に「シナリオワーク」をやってみましょう！

どうぞ!
どうぞ!

守護者たちとの会話練習問題01

まずは簡単な練習問題からやってみましょう。
次の会話を、

A：頭の前方
B：頭頂後方（もしくはC：ハートの辺り）

に振り分けて読んでみます。
シナリオを、ただ単に頭の中でAとB（もしくはC）の位置に振り分けて、フツーに読むだけで大丈夫です！　はじめは、ゆっくりと丁寧にやってみてください。

実践！

A：あなた「もしもし？」（頭の前方Aのあたりで読む）
B：守護者「はいはい」（頭頂後方Bあたりで読む）

A：あなた「私の守護者ですか？」
B：守護者「そうですよ」
A：あなた「こんにちは！」
B：守護者「こんにちは！」
A：あなた「私の守護者ですよね？」
B：守護者「ええ、そうですよ！」

どうでしょうか？

AとBのセリフを、頭の前と後ろに振り分けて読めましたでしょうか？

それぞれ、頭の中の違う場所で読めていればオッケーです！

あなたは上手くできていますよ！　大丈夫です！

おそらく、今まではこのような会話文を読む場合には、AのセリフもBのセリフも頭の同じ場所で読んでいたかと思います。このように、AとBに分けて読むことで、あなたと別の存在が頭の中で会話をしている感覚が身につきます。

守護者たちとの会話はおおよそ、このような感覚で行われるのです。

守護者たちとの会話練習問題02

それでは次の練習問題をやってみましょう。
やり方は先ほどと同じです。
AとBを、頭の前と後ろ（もしくはハートのあたり）に振り分けて読んでみましょう。

A：あなた「もしもし」
B：守護者「はいはい」
A：あなた「私の守護者ですよね？」
B：守護者「ええ、そうですよ！」
A：あなた「こんにちは！　やっとあなたの存在に気づきました！」
B：守護者「うれしいです！　どうもありがとう！」

A：あなた「これから、よろしくお願いしますね！」

B：守護者「こちらこそ、よろしくお願いします！」

どうでしょうか？
上手くできましたでしょうか？
なんとなくであっても、それぞれ違う場所で読めていればオッケーです！
この練習を繰り返すことで、自然と守護者との会話の感覚をつかめるようになります。ご安心ください。

守護者たちとの会話練習問題03

次は、あなたから守護者にちょっとした質問をしてみましょう。
やり方は同じです。

A：あなた「あなたはいつも、私の側にいるのですか？」
B：守護者「はい、いますよ」
A：あなた「いつから、わたしの側にいてくれているのですか？」
B：守護者「あなたが地球に生まれる前からですよ」
A：あなた「えええっ！　そうなのですか？」
B：守護者「はい、そうです」

A：あなた「どうもありがとう！」

B：守護者「いえいえ。どういたしまして！」

「守護者たちの声が聞こえたような気がした」と感じたら、その言葉を受け入れていくことが大切です。

「聞こえたような気がした」のであれば、「よし！　聞こえた！」と受け入れてみてください。そうすることで、上達していきます。

なんとなく「聞こえた」ことを「肯定していく」ことが上達のコツです。

守護者たちとの会話練習問題04

次は、あなたから守護者たちに悩みの相談をもちかけてみましょう。
やり方は同じです。

A：あなた「最近、人間関係で悩んでいるのだけど……」
B：守護者「そのようですね」
A：あなた「本当は上手くやっていきたいのだけど……」
B：守護者「そうですよね」
A：あなた「どうしたら、上手くいくのかなあ？」
B：守護者「少し、相手の立場に立ってみてごらん」
A：あなた「どうして私がそんなことしなきゃならないの！」

B：守護者「そうすると、あなたが楽になるのだけどねえ」
A：あなた「そうなの？」
B：守護者「そうそう、いろいろと気づくことがあるよ」
A：あなた「そうなんだ……。わかった！　やってみる！」
B：守護者「がんばってね」
A：あなた「ありがとう」

このような感覚で守護者たちは、あなたの相談に乗ってくれます。
これを何回か練習することで、この守護者への相談の感覚が自然と身につきます。
すると、実際に守護者たちの声を受け取れるようになっていきます。
守護者の言うことに納得がいかない場合は、反論もしてみましょう。
まずは、**自分が感じていることを大切にしてみてください。**
守護者たちは、あなたのその気持ちも大切にした上で、メッセージをくれます。
ご安心ください。

守護者たちとの会話練習問題05

次は、守護者たちにあなたの不満を聞いてもらいましょう。
やり方は同じです。

A：あなた「すっごく、腹が立っているんだけど！」
B：守護者「どうして腹が立っているの？」
A：あなた「あの人が私の気持ちをわかってくれないんだ！」
B：守護者「ちゃんと気持ちを言葉で伝えたの？」
A：あなた「言ってないけど、わかってほしいの！」
B：守護者「君が言わなきゃ、相手はわからないよ」
A：あなた「うっ……確かに、そ、そうね……」

B：守護者「ちゃんと優しく言葉で伝えてごらん」
A：あなた「そ、そうね……そうしてみる」
B：守護者「がんばってね」
A：あなた「ありがとう」

守護者たちはあなたのよき理解者です。
これは練習問題なので、短めのシナリオに設定してありますが、あなたの感じていることを**守護者たちに、スッキリするまでしっかりと聞いてもらいましょう。あなたの気持ちを、正直にめいっぱい守護者たちに話してもイイのです。**
守護者たちはその気持ちをしっかりと受けとめ、あなたに必要な言葉を伝えてくれます。

守護者たちとの会話練習問題06

次は守護者たちに、あなたのうれしかった出来事を話してみましょう。
やり方は同じですが、今回は守護者から話しかけられるパターンです。

B：守護者「今日はごきげんだねえ！」
A：あなた「そうそう。仕事がとてもうまくいったんだよ！」
B：守護者「あなたはずっと努力して準備してたからねえ」
A：あなた「そうそう。本当にがんばったよ」
B：守護者「あなたは本当にがんばりましたね」
A：あなた「ありがとう」
B：守護者「次は仕事で何をしたいですか？」

A：あなた「今の仕事をさらに発展させていきたいかな」

B：守護者「イイですね、がんばってください」

A：あなた「ありがとう」

B：守護者「あなたを応援していますよ！」

A：あなた「どうもありがとう！　がんばるよ」

守護者たちとの会話はおおよそ、このような感覚で行われます。このように、守護者に良かった出来事を話すことで、次にやりたいことが自然と見えてくることが多いのです。

守護者たちに「自分のやりたいことをしっかり伝える」ことが大切です。そうすることで、守護者たちはあなたのやりたいことをサポートしやすくなるのです。

さて、「シナリオワーク」はいかがだったでしょうか？

このシナリオワークを何度も繰り返し練習すると、自然と守護者たちとの会話の感覚が身につきます。この感覚を思い出しながら練習してみてください。

このような感じで守護者たちとの会話を、あなたも「生まれる前」や「赤ちゃん」の頃はしていたのです。

この会話の感覚を取り戻すと、あなたも必ず守護者たちと会話ができるようになります。

シナリオワークの練習問題の後半は、自分自身がもう1人の自分と会議をしているような感じだったかと思います。

これを**「自分会議」**と言います。

自分会議では、自分自身を「A：頭の前方」、そしてもう1人の自分を「B：頭頂の後方」もしくは「C：ハートのあたり」に配置して、2人で話し合うように会議をします。

悩みごとや相談ごとがある場合には、このような自分会議をしてみてください。

2人で会議をしていると、だんだん盛り上がってきて、いろいろなアイデアが浮かびはじめます。

すると、そんなときには「Ｂ：頭頂の後方」や「Ｃ：ハートのあたり」に、あなたの守護者の言葉が響き、あなたにアドバイスをしてくれるようになります。

自分会議をしていると、途中でＢやＣから「自分でも感心してしまうような、素晴らしいアイデア」が浮かびはじめます。それが、守護者の声なのです。

自分会議をすると、このように守護者たちとつながりやすくなり、メッセージを受け取りやすくなります。是非おためしください。

問答ワーク

～頭の前で文字を読み上げて、後ろから聞こえてくる声を書く

それではここで、先ほどのシナリオワークの応用編として、「問答ワーク」をやってみましょう。

ここでは、質問を読み上げて、そのとき頭頂後頭部から聞こえてきた答えを書いてみましょう。

このとき返って来たものが、守護者たちからの答えとなります。

頭のB（もしくはハートのC）の位置に響いた答えを書き出してみてください。

問答ワーク練習問題01

守護者たちに次の質問をしてみて、頭頂後頭部（もしくはハートのＣ）に浮かんだ言葉を「答え」のところに書きましょう。

質問：「私の長所はどこだと思いますか？」

答え←

どうでしょうか？

上手くできましたでしょうか？　何か言葉は浮かびましたか？

次に、あくまでも参考事例として解答例を作ってみましたので、参考にしてください。

解答例

答え：「優しいところです」

答え：「ユニークなところです」

答え：「朗らかなところです」ｅｔｃ．

ここで浮かんだ言葉が「愛と調和」「自分が向上する方向性」のものであれば、守護者たちの声だと肯定して、受け入れても大丈夫です。

なんとなく、「こう言っているように聞こえた」という感覚を肯定することを大切にしてくださいね。

あなたの頭やハートに浮かんだ言葉が、すべて正解となります。

問答ワーク練習問題02

守護者たちに次の質問をしてみて、頭頂後頭部やハートに浮かんだ言葉を「答え」のところに書きましょう。

質問：「今の私に必要なことは何だと思いますか？」

答え←

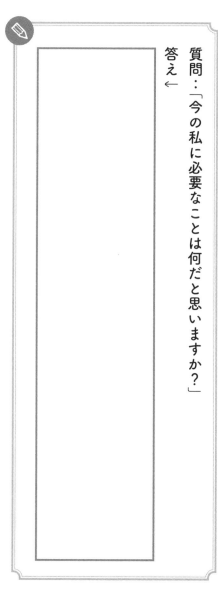

どうでしょうか？

どんな言葉が浮かびましたか？　または聞こえましたか？

ここでも、あくまでも参考事例として解答例を作ってみましたので、参考にしてください。

解答例

答え：「読書をすることです」
答え：「しっかり休息をとることです」
答え：「あの人としっかり話し合うことです」etc.

ここでも、愛と調和のもとに、あなたの頭やハートに浮かんだ言葉が、すべて正解となります。

大丈夫です、肯定してくださいね。

あなたは上手にできていますよ。

以上の要領で、あなたも守護者たちに日頃から質問をしてみてください。
繰り返しやっていくことで、少しずつ感覚がつかめるようになっていきます。
この練習問題は応用編なので、仮に今の時点でできなくても大丈夫です！

脳内会話ワーク
～質問を考えて書く。頭頂後頭部やハートから聞こえた声を書く

ではもう1つ、さらに応用問題にチャレンジしてみましょう。

ここでは「あなたが守護者たちに聞いてみたいこと」を、実際に頭の中の会話で自由に質問をしてみましょう。

そして、守護者たちから聞こえてきた答えを、書き込んでみましょう。

こちらはチャレンジ問題ですので、とりあえずやってみてください。

脳内会話ワーク練習問題01

守護者たちに尋ねたいことをあなた自身で自由に「質問」の空欄に書き込み、守護者たちから受け取った「言葉」を「答え」の空欄に書き込みましょう。

あなたの質問「？」

守護者の答え

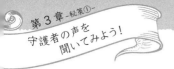

どんなことを質問して、守護者たちからどんなメッセージをもらいましたか？
そのメッセージが「愛と調和」「あなたが向上できる方向性」の内容であれば、あなたの頭やハートに浮かんだ言葉が、すべて正解となります。

この練習問題も応用編なので、仮に今の時点ではできなくても大丈夫です！
以上のワークや「自分会議」を繰り返すことで、これは断言しておきますが、必ず、あなたも守護者たちと会話ができるようになります。

それでは、私が守護者たちにしてみた質問と回答例もここに書いておきますので、参考にしていただければと思います。

質問
「未来は決まっていないとのことだけど、自分のしたことの結果が、近い未来にある程度どうなるのかを予測することってできるのかな？」

答え

「（その質問への）ヒントを届けますので、今後シンクロに注目してみてください」

結果

数日後、図書館でたまたま間違って借りてしまった本を読むと、驚いたことに「スーパーコンピューターに膨大なデータを打ち込み解析すると、ある程度の近未来予測ができる」という内容でした。

さらにその日の夜、たまたまテレビをつけると「米国で膨大なデータを解析することで、より正確に、近い未来に起こりうることを予測している実例」が放送されていました。

たまたま間違って借りてしまった本と、たまたま目にした番組の内容が見事にシンクロしていたのです。私はかなり驚きました。

つまり、このシンクロは私が守護者たちにした質問の答えなのです。

「未来は決まっていないけど、近い未来の予測ならば、膨大なデータを集めて解析することで、ある程度予測がつく」

というわけです。

質問したことの答えが、その場ですぐに届くとは限りません。

特に、言葉では伝えづらい情報量の多い答えの場合には、この様に「後にシンクロを通じて届けられる」ケースも多いわけです。


何か知りたいことがあるときは、守護者たちに質問するようにしてみてください。

すると、言葉だけではなく、この様にシンクロを使って、あなたを答えへと導いてくれるわけです。


どの「秘策」もそうなのですが、やればやるだけ必ず上達していきます。

安心して、楽しく練習してみてくださいね。

聞こえづらくても大丈夫
～守護者はいろいろな手段でメッセージを送ってくれている！

さて、守護者たちとの会話の練習問題をしてみて、いかがだったでしょうか？

「シナリオワーク」は、頭の部分をAとB（もしくはハートのC）に振り分けて読むということさえ行っていれば、あとは、どんなやり方をしていたとしても、必ずあなたは上手にできていますので、ご安心ください。

「問答ワーク」と「脳内会話ワーク」は応用編ですので、ちょっと難しいと感じた方もいるかもしれません。

しかし、大丈夫です！　ご安心ください。

「脳内会話ワーク」は守護者たちと会話をして、直接メッセージを受け取る方法です。

これができれば、あなたも自由に守護者たちからメッセージを受け取ることができるわけですが、これはあなたも「赤ちゃん」の頃には、フツーにしていたことですので練習していくうちに自然と必ずできるようになります。

そして、仮に今の段階で守護者の声が聞こえなくても、大丈夫です。
なぜなら、あなたが直接守護者たちの声からメッセージを受け取ることができなかったときのために、２つ目の「秘策」と３つ目の「秘策」が用意されているからです。
そして、これら３つの「秘策」を組み合わせて練習していくうちに、あなたも自然と守護者たちからのメッセージを受け取ることができるようになりますので、楽しみに練習を進めていってください。

ピコーン♪　守護者の声を聞くコツを手に入れ、あなたはレベル10となりました！

それでは次の章では、あなたの人生の冒険をよりスムーズにするための、２つ目の「秘策」について、詳しくご紹介していきましょう！

第4章

秘策②

シンクロニシティを解読しよう

LET'S HEAR THE VOICE
OF
YOUR GUIDE

シンクロニシティとは？
～なぜ解読が必要なのか？

さて、それではいよいよ、あなたの人生の冒険をより充実させるための、２つ目の「秘策」をお伝えしていきましょう！

それは「シンクロニシティの解読」です！

シンクロニシティに隠されている、守護者たちからの、あなたへの「アイデア」や「メッセージ」を受け取るためには、「解読」が必要です。

「ええっ！　シンクロニシティを解読するなんて、まるで探偵みたい！」

と思われましたか？

シンクロニシティとは「意味のある偶然の一致」のことです。

最近、このシンクロニシティは、広く知られるようになってきたので、あなたもご存じ

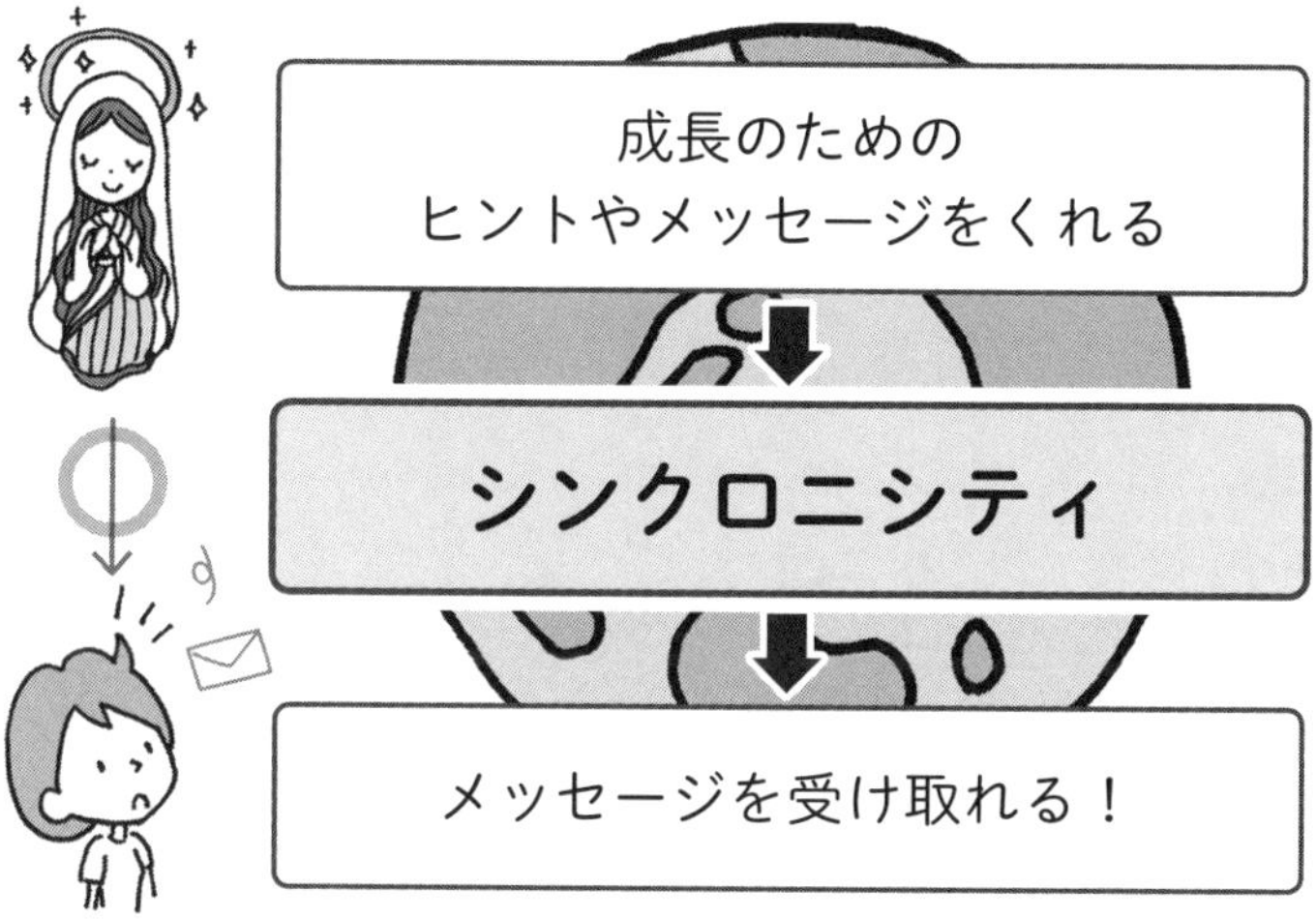

であったり、もしくは実際に体験したことがあるかもしれません。

そしてシンクロを体験した方の中には、とてもうれしくなり、どことなく「何かに護られている」「見えない何かの力が働いている」と感じられた方もおられるのではないでしょうか？

そのあなたの感じた感覚は、「正解」なのです！

なぜなら、実はシンクロニシティには、守護者たちの力が働いているからです。

一般的にシンクロニシティと聞くと、「ええっ！」と驚くような大きな偶然の一致のことだというイメージがあるかと思います。

ところが、シンクロニシティとは**「あなたの内面と一致した出来事」**ということですので、日常的な「なんとなく気になる出来事」「珍しい出来事」「印象的な出来事」「ふとした出来事」といった「心に引っ掛かる出来事」なども、当てはまることが多いのです。

つまり、あなたが考えている以上に、日常ではたくさんシンクロが起きているのです。

そして、シンクロには守護者たちのメッセージが隠されています。

あなたに起こる日常のいろいろな出来事を通じて、**「守護者たちはあなたが想像している以上に、いろいろなメッセージを贈ってきてくれている」**のです。

つまり、シンクロを読み解き活用すると、あなたの人生の冒険がよりスムーズになるわけなのです。**ここに、シンクロを解読する理由があります。**

シンクロニシティの種類

一般的なシンクロニシティの具体的な例も挙げておきましょう。
シンクロとは、

・時計の「5：55」、車のナンバー「555」など、ゾロ目をよく目にする
・友人のことを考えていたときに、その友人から電話がかかってきた
・ケーキを食べたいと思っていたら、ちょうど人からケーキをもらった
・たまたま同じ内容の話を、別々の人から3回以上聞いた
・たまたま夢で見たのと同じ場所やシチュエーションと遭遇した

といったような、偶然の一致です。
数字の「555」を頻繁に目にするといった、ゾロ目のシンクロニシティは、初期の頃

によく起こります。

これは、「あなたのシンクロが始まりましたよ」という、守護者たちからのお知らせであるケースが多いのです。

シンクロニシティに気づき、そのメッセージを解読して行動に移しはじめると、不思議な偶然の一致がよく起こり、**驚くようなタイミングで、必要としていた「情報」「モノ」「メッセージ」「出会い」などが与えられます。**

みなさんも是非、シンクロに隠されたメッセージを解読して、愛と調和のもとに行動に移してみてください。

きっとたくさんのプレゼントと出会い、人生がよりステキなものとなることでしょう。

シンクロ解読における5つのコツ

シンクロ解読のコツを並べてみると、次のようになります。

コツ① シンクロが起きたときの、あなたの「状況」と「心境」に照らし合わせてみる
コツ② シンクロが起きたとき、「そのとき何を考えていたのか？」を思い出してみる
コツ③ 「語呂合わせ」をしてみる
コツ④ シンクロ解読中に「ふと頭に浮かんだこと」を大切にしてみる
コツ⑤ 愛と調和であなたが向上できる方向性で解読する

それでは、これらの「シンクロ解読のコツ」を詳しく解説していきましょう。

シンクロ解読のコツ①とコツ②

まずは、コツ①とコツ②ですが、２つ同時に使うことが多いので、一緒に説明をしていきましょう。

考え事をしていたら机の角に足をぶつけて、思わず「アイタタタタ！」と声が出てしまう、といったイタイ出来事、皆さんも経験されたことがあることと思います。

実はこれもシンクロで、「イタイ系のシンクロ」と言います。

このシンクロは、足をぶつけるといった身体的な痛さだけではなく、**「恥ずかしい思いをする」「モノを無くしてしまう」**など精神的なイタイ出来事も含まれます。

実は、この様な出来事も「あなたの心の内側と関係して」起きています。

では、実際の例をもとに、イタイ系シンクロの解読のコツを解説しましょう。

イタイ系　シンクロニシティ

シンクロ実例

これは私の例ですが、友人とけんかをしてしまった**「状況」**のときでした。

そのとき、私は階段の下のスペースに座ってその友人とのことを考えていました。

本当は仲良くしたいなという**「心境」**でしたが、なんだか面倒くさくなってしまった私は「めんどくせえので、まあイイや」と投げ出して、勢いよく立ち上がりました。

すると、階段下の低くなった天井に、頭を思いっきりぶつけてしまいました！

「アイタタタ！」

と、めちゃくちゃ痛かったです。マンガのワンシーンのようにマジでチカチカと目から星が出ました！　とんでもない出来事でした。


では、この出来事に隠されたシンクロを解読してみましょう。

解読

シンクロの解読のコツ①は**「シンクロが起きたときの、あなたの『状況』と『心境』に照らし合わせてみる」**でした。そして、コツ②は**「シンクロが起きたとき、『そのとき何を**

考えていたのか？』を思い出してみる」でした。

このときは、私が友人とけんかをしている「状況」で、仲直りしたいという「心境」でした。

しかし、私が「まあイイや」と考えてしまった瞬間にイタイ出来事が起こっています。

つまりこのシンクロを、そのときの「状況」と「心境」、そして「何を考えていたか？」から判断すると、**守護者たちが「友人とちゃんと仲直りしなさい」というメッセージを贈ってくれた**と解読することができます。

結果

その後、メッセージ通りに愛と調和のもとに仲直りをしたところ、とても良い関係に戻ることができました。

このように、守護者たちはイタイ出来事を通して、正しい道を示してくれているわけです。

シンクロ解読のコツ③

次は、「語呂合わせ」をしてみる、についてです。

「語呂合わせ」系シンクロとは、

「はし」↓「箸《はし》」↓「橋《はし》」↓「84《はし》」


といったように、「語呂合わせ」を使って解読するタイプのシンクロです。

「ある言葉を頻繁に目にする」「ある言葉がやたら気になる」といった場合、それはシンクロである可能性がとても高いのです。

そして、そのようなシンクロには、確実に意味があり、「語呂合わせ」を使って解読できるケースが多くあります。

守護者たちは「語呂合わせ」を使って解読できるシンクロを起こして、あなたにメッセージを届けてくれるのです。

それでは、私が体験した実例をもとに、語呂合わせ系シンクロの解読のコツを解説しましょう。

シンクロの実例

以前、私は『Aquarius《アクエリアス》』という名前のバンドを組み、インディーズのRockミュージシャンとして名古屋で活動していました。

『Aquarius』というのは、「2000年から3000年までの時代を意味する」とのことで、私は新時代に向けたRockを発信しようと、そう名付けました。

そしてその後、私は名古屋から上京するのですが、そのときにたまたま見つけた部屋が「インディゴ」という名前のマンションでした。「インディゴ」とは「藍色《あいいろ》」のことです。

こういった、自分が暮らすマンションの名前にも意味があるものなので、私は「どうして『インディゴ』という名前の部屋に暮らすことになったのだろうか？」と疑問に思っていました。

そんなある日、たまたま街の雑貨屋で『インディゴ』という名前の本を見つけました。

私は「この本を見れば、どうして『インディゴ』という部屋に住むのかわかるかも」と思いました。

するとそのとき、いきなり足元で「ガラン！」という音がして、私は驚きました。

ふと見ると「八角形の雑貨」が足元に落ちていました。そして、なぜだかとてもその出来事が気になりました。


このように、**「気になる出来事」とはシンクロの可能性が高いのです。**

「インディゴ」の本を手にとった瞬間に、「八角形の雑貨」が落ちてきたのです。これはシンクロだと思い、私はこの出来事を「解読」してみることにしました。

解読

この出来事が起きたとき、私が考えていたことは、「この本を見れば、『インディゴ』の意味がわかるかも」というものでした。そして、そのときに「八角形の雑貨」が落ちてきたのです。
このシンクロは「語呂合わせ」で解読します。

「八角形の雑貨」↓「八角《はっかく》」↓「発覚《はっかく》」

つまり、守護者たちは私に「その本を見れば、『インディゴ』の意味が『発覚』するよ」ということを伝えるために、このシンクロを起こしてくれたわけです。

結果

本を開く前にシンクロから「『インディゴ』の意味が発覚するよ」というメッセージを受けとってしまった私は、少しドキドキしながらその本を開いてみました。
するとそこには、なんと！

「インディゴは西暦２０００年から３０００年の期間を意味する色」

と書かれていたのです！　本当に「インディゴ」の意味が「発覚」してしまいました！
しかも、私が暮らすことになった部屋の「インディゴ」は、なんと！　私のバンド名の『Aquarius《アクエリアス》』と、まったく同じ意味だったのです。驚愕でした。

このように、守護者たちはシンクロを起こして、あなたに「近い未来に起こる出来事」を知らせてくれることもあるわけです。

シンクロ解読のコツ④

次は、「ふと頭に浮かぶコトを大切にする」です。

第3章「守護者の声を聞いてみよう！」の「シナリオワーク」でお話ししたように、「守護者たちの声は、頭頂の後頭部（後光）あたりに響くことが多い」のです。

実は、**シンクロの解読をしているときには、ふと頭のその部分に守護者か**

らの言葉が浮かぶことが多いのです。

つまり、**「あなたがシンクロを解読しようとすると、守護者たちはその答えを、ふと頭の中に吹き込んでくれる」**といったケースがとても多いのです。

たとえば、先ほどの「『階段下の天井に頭をぶつけた』イタイ系シンクロの意味は何かな？」と解読をしようとすると、ふと頭に「友人とちゃんと仲直りしなさい」という言葉が浮かんできたのです。

シンクロを解読していると、こういったことがとてもよく起こります。

そのとき浮かんだその言葉こそ「守護者たちの声」なのです！

その、ふと頭に浮かんだ言葉を大切に、シンクロの解読をしてみてください。

守護者たちの声がふと浮かぶのは、基本的には「後光」のあたりでしたね！

第3章の「シナリオワーク」が、こういう形でのシンクロ解読にも役立つわけです。

シンクロ解読のコツ⑤

最後は「愛と調和であなたが向上できる方向性で解読する」です。

「愛と調和」は、あなたの人生の旅を成功に導く魔法の言葉でしたね。

そうなのです！　守護者たちからのメッセージは愛と調和のメッセージですので、**シンクロの解読においては、この「愛と調和」を基準に判断することが大切なのです。**

守護者たちは、あなたの成長のためにシンクロを起こしてくれていますので、「あなたが向上できる方向性」でシンクロを解読するのがコツとなります。

シンクロの解読においては、是非、この点をチェックするようにしてください。この点をチェックしてクリアされているのであれば大丈夫です。ご安心ください。

シンクロニシティ解読ワーク

それでは、これから実際にシンクロニシティからメッセージを「解読」する練習をしてみましょう！

シンクロ解読練習問題01

最近、あなたは仕事で忙しい日々を送っていました。

そして、あなたは少々、心に余裕のなさを感じているといった心境でした。

その日、仕事を終えたあなたはスーパーで買い物をしたさい、レシートの合計金額が「¥2525」でした。

そして駐車場に停めておいた自分の車に乗り込むと、「なんとなく」目の前の車が気になりました。「何だろう?」と思い眺めていると、その車のナンバーは「25 - 25」でした。

その後、あなたは家へ帰ると食事を摂り、風呂に入り布団に入りました。

そして、今日一日にあった出来事を思い返し、日記をつけてから眠りました。

Q

この中にシンクロはありますか?

そしてシンクロがある場合は、そのシンクロを解読してみてください。

答え

答え

レシートと、車のナンバーの「2525」がシンクロしています。

まずは、このシンクロを「そのときのあなたの『状況』と『心境』と照らし合わせて」解読してみましょう。

このときのあなたは**「仕事で忙しい」**といった**「状況」**で、**「少々、心に余裕がない」**といった**「心境」**でした。そこに、この「2525」シンクロが起こりました。

この「2525」シンクロを、**「語呂合わせ」**で解読してみますと、

「2525《にこにこ》」↓「ニコニコ」↓「笑顔」となります。

これらのことから、守護者たちがあなたに何を伝えたがっているのかを推理すると、「忙しくても、笑顔を大切にしてみましょう」というメッセージだと解読できます。

結果

忙しいながらも、あなたは守護者たちからのメッセージ通りに、愛と調和のもとに「笑顔」を大切に生活してみました。

すると、忙しさは変わらないものの、心に少し余裕が生まれ、仕事がよりスムーズに流れるようになりました。

シンクロ解読練習問題02

家に帰りポストの中を見ると、あなたは1枚のハガキを見つけました。

それは母校の卒業生が集まる「同窓会」の案内でした。

毎年、同窓会では、さまざまな仕事に就いている卒業生が集まり、「その場の出会いが、仕事につながる」という話を友人から聞いていました。


その同窓会の日時を見ると、次の土曜日の19時からでした。

「どうしようかな？　行こうかな？」

と思いながら家に入り、ふと時計を見ると、5時55分でした。

夜になっても「なんとなく」同窓会が気になっていたのですが、実はその同窓会の日は、すでに1人で買い物に行く予定を立てていました。

ぼ～っとテレビを眺めながら、どうしようかとモヤモヤと考えていました。

そのとき、なんとなく、胸騒ぎがしていました。

テレビからは、とんねるずの番組で、バナナマンの日村氏がモノマネで歌う、郷ひろみ氏の「エキゾチック・ジャパン」が何度も何度も流れてきていました。

Q

この中にシンクロはありますか？
そしてシンクロがある場合は、そのシンクロの解読をしてみてください。

答え

答え

ふと見た時計の時刻「5：55」と「郷ひろみ氏」がシンクロしています。

このシンクロも語呂合わせで解読します。

まず、このときのあなたの**「状況」は、同窓会のハガキをもらった**というものです。

そして**「心境」は、同窓会に出席しようか迷っていた**というものでした。

このシンクロの「語呂合わせ」での解読は、次のようになります。

「5：55」↓「ゴーゴーゴー」↓「GoGoGo」↓「行きましょう」

「郷ひろみ氏」↓「ゴー」↓「Go」↓「行きましょう」

「ゴー」は英語で「Go 行け」となります。

つまり、このシンクロはあなたに「同窓会に行ってごらん」という守護者たちからのメッセージだと解読できるわけです。

あなたは「ゴー」というシンクロを、いくつも見ていたわけです。

結果

守護者たちから、シンクロを通じて「同窓会に行ってごらん」というメッセージを受け取り、あなたは愛と調和のもとに参加を決めました。

そしてその当日、素晴らしい「出会い」を得て、あなたの仕事は飛躍的に発展することになりました。

ちなみに、郷ひろみ氏の「エキゾチック・ジャパン」の歌詞に「出会いは億千万の胸騒ぎ」というフレーズがあるのですが、問題文をもう一度読んでみてください。

「なんとなく胸騒ぎがしていた」と書かれているように、その胸騒ぎは、この同窓会における「出会い」の胸騒ぎとシンクロしていたわけです。

このようにシンクロを解読していくわけです。

シンクロ解読練習問題03

今日は久しぶりの休日です。

あなたは「今日は何をしようか？」と考えながら、街を歩いていました。

すると、前から学生たちが歩いて来ました。

すれ違い際に一瞬、学生たちの会話があなたの耳に飛び込んできました。

「あの映画観たぁ？……」と。

そのときなぜだか、その言葉だけが普通よりも大きく聞こえたように思えました。

Q

この中にシンクロはありますか？
そしてシンクロがある場合は、そのシンクロの解読をしてみてください。

答え

答え

あなたが「今日は何をしようか？」と考えていたときに、「あの映画観たぁ？」という言葉が耳に飛び込んできたという出来事が、シンクロしています。

つまりこのシンクロは、「映画を観に行ってごらん」と解読します。

このように、**「あなたの『状況』と『心境』とシンクロした言葉が、他者から届けられるシンクロ」**があるのです。

結果

シンクロのメッセージ通りに愛と調和のもとに映画を観に行ったあなたは、丁度あなたの悩みの解決のヒントとなる「あきらめずに愛と調和で行動してみろ！」という、その映画の中のセリフに出会うことができました。

シンクロ解読練習問題04

もうすぐ夏が来ます。

あなたは夏に向けて、ダイエットでもしようかと考えている今日この頃でした。

そんな週末の夜、あなたは自宅で夕食を食べた後、ゆっくりと読書でもしようかとファミリーレストランへ行きました。

ドリンクバーで無糖の紅茶を飲みながら読書を楽しんでいたあなたは、ふとメニューが気になったので開いて見てみました。

すると、美味しそうなケーキの写真が目に飛び込んできました。

「どうしようかな？　食べちゃおうかな？」

一瞬考えた後、あなたは呼び鈴を押そうとして手をのばしました。

スカッ…（空振り）

「あれ？」

呼び鈴を押そうとしたものの、手が滑って押すことができませんでした。

そして指をテーブルにぶつけてしまいました「アイタタタ！」

Q

この中にシンクロはありますか？
そしてシンクロがある場合は、そのシンクロの解読をしてみてください。

答え

答え

「手が滑って呼び鈴を押せなかった」「指をテーブルにぶつけてしまった」という出来事が、イタイ系のシンクロです。

この様に「あれ？」という出来事はシンクロであるケースが多いのです。

こういった出来事は、何かしらあなたの内面とシンクロしています。

このシンクロの解読は、

「この出来事は自分にどうしろと言っているのだろうか？」

と考えることで解読がしやすくなります。

まず、あなたの「状況」は、夕食を済ませた後、ファミレスにいるというものでした。

そして、あなたの「心境」は、夏に向けてダイエットをしようかなというものでした。

この「状況」と「心境」に照らし合わせて「このシンクロは自分にどうしろと言っているのか？」を考えて解読します。

起こったシンクロは「手が滑って呼び鈴を押せなかった」という出来事です。

ここからどんなメッセージが頭に浮かびますか？

その頭に浮かんだことが守護者たちからのメッセージであるケースが多いのですが、今回の正解はこうなります。

「呼び鈴を押せず、指をぶつけた」→「ケーキを食べるのをやめておきましょうね」

ケーキを食べたいという思いが強すぎると、シンクロに気づくことが難しくなりますが、このように「何かしら心に引っかかる出来事は守護者たちからのシンクロ・サイン」であるケースが多いのです。

結果

呼び鈴を押せなかったという出来事がシンクロだと気づいたあなたは、「この出来事は自分にどうしろと言っているのか?」を考えました。

すると、自分がダイエットを考えていたにも関わらずケーキを食べようとしていたことに気づきました。

「ああ、それで呼び鈴が押せなかったのか」と納得したあなたは、ケーキを食べることをやめておきました。この様にして、あなたはダイエットに成功することができました。

シンクロ解読練習問題05

今日は10月の2日です。

あなたは職場のソファのあたりを掃除していました。すると、そこになぜか羽根が落ちていました。

「一体どこから入ってきたのだろうか？」

とても不思議な気持ちになりました。


家へ帰ったあなたは洗面所で手を洗いました。そして、ふと窓のところを見ると、網戸に小さな茶色の羽根が引っ掛かっていました。

その日はなんだかとても清々しく、気持ちの良い一日でした。

ヒント
「はじめに」の16ページを見てみましょう。

Q

この中にシンクロはありますか？
そしてシンクロがある場合は、そのシンクロの解読をしてみてください。

答え

答え

「10月2日」と職場と自宅で見た「羽根」がシンクロしています。

16ページの6行目を読んでみてください。10月2日は「守護天使の日」です。

あなたは「天使の日」に、なんと！　天使の象徴である「羽根」を2回も見つけることができたのです。

このようなシンクロは、**「あなたを見守っていますよ」と天使たちが存在をアピールしていると解読します。**

とてもステキなシンクロですね！

結果

天使の日に「天使の羽根シンクロ」を体験したあなたは、天使の存在を確信して、より天使が身近な存在となりました。

このように、毎年「10月2日」あたりに、何らかの形で「羽根」を見ることができたら、きっとそれは天使たちからあなたへのメッセージであり、贈り物なのですよ！

シンクロ解読練習問題06

あなたは、あるスクールに通っています。

ところがそのクラスでは、人間関係がギスギスしてしまっていました。

みんなは、本当はクラスが仲良くできることを望んでいましたが、なかなかまとまらなかったのです。

そんなある日、一人の生徒が教室の花瓶に花を生けていました。

そしてその生徒は、たまたま通学途中の道端に落ちていたドングリの実を、その花瓶の横に置いておきました。

ヒント

第2章「妖精の紹介」の61ページを見てみましょう。

Q

この中にシンクロはありますか？
そしてシンクロがある場合は、そのシンクロの解読をしてみてください。

答え

答え

「クラスのギスギスした状況」と花瓶の横に置かれた「ドングリの実」が、シンクロしています。

第2章「妖精の紹介」61ページの6行目を読んでみてください。

「妖精たちは人間関係を良くするために『ドングリの実』を運んで来てくれます」

とあります。

つまり、クラスの人間関係の状況と、そのドングリの実がシンクロしています。

このシンクロの解読は「みんな仲良くするようにしましょう」となります。

結果

このように、小さな妖精たちは、人々の幸せを陰ながら祈ってくれているわけです。

ドングリの実シンクロのメッセージによって「仲良くすること」に努めたあなたは、クラスに調和をもたらしました。

ちょっとうれしいシンクロですよね！

シンクロの解読は、パズルのように考えるとうまくいく

先ほどのシンクロ練習問題02を思い出してください。

このシンクロは「５５５」という「ゾロ目シンクロ」と「郷ひろみ氏」という「語呂合わせシンクロ」の２つのシンクロが解読の鍵となっています。

このように、守護者たちはあなたにメッセージを届ける場合に、複数のシンクロを起こすことがあります。シンクロが起きても、そのメッセージが解読できない場合は、いくつかのシンクロを組み合わせてみてください。

１つひとつの出来事がジグソーパズルのピースのようになっており、そのピースが集まることで解読の答えが見えてきます。

シンクロ解読はパズルと同じ

パズルのピースが
足りないと答えは
わからないが……

パズルのピースが
そろえば答えは
自然と見えてくる

なので、シンクロの解読ができないときは、身の回りの出来事やシンクロを、パズルのピースを集めるように１つひとつピックアップしていってみてください。

すると、答えが自然と見えてきます。

守護者の連携について

先ほどのシンクロ練習問題03の、「映画」のシンクロを思い出してみてください。

あなたが、「今日は何をしようか？」と考えていたときに、前から来た学生たちの「あの映画観た？」という会話によって、あなたにメッセージが届きました。

あなたがメッセージに気がつかないときは、あなたの守護者は**「他の人の守護者にお願いして、他の人の口からメッセージを届けてもらう」**ということをします。

図にすると次のようになります。

守護者たちの連携

これを「守護者たちの連携」といいます。

このように、大切なメッセージが他者の言葉から届けられることがあるわけです。

守護者たちは、メッセージを他の人の口を使って、あなたにハッキリとわかるように言葉にしてくれているのです。

つまりメッセージを「言語化」してくれているわけです。

特に、**「あなたのことを大切に想ってくれている人からの言葉」には注目しましょう。**

それはあなたにとって、とても重要なメッセージとなっているケースが多いのです。

このように守護者たちの連携では、あな

たの守護者の言いたいことを、他の人に代わりにしゃべらせてあなたに伝えてくれるのです。

つまり、このシンクロは、

「守護者たちからのメッセージを解読なしで具体的な言葉で受け取れる」

といった、とてもありがたいシンクロです。是非、覚えておいてください。

シンクロを圧倒的に増やす方法

実は、シンクロを圧倒的に増やす方法というものがあります。

それは、**「愛と調和のもとに、地球をより良くするため、世のため、人のためになるように行動する」**ということです。

地球をより良くしたい、という気持ちの大きさにともなってシンクロが圧倒的に増えるわけです。

と言いましても、特に難しく考えなくても大丈夫です。

実際には、日常的に地球をより良くするといった意識で「友人と会話する」「料理をつくる」「仕事をする」といったことをしてみてください。

守護者たちは「地球を良くしよう」という人のもとにシンクロをたくさん起こしてくれる傾向にあるのです。


また、夢を叶えるとか、何かの目標に向けて「努力」や「行動」するときにもシンクロがかなり増えます。

あなたが夢や目標を叶えるために「努力」や「行動」するとき、守護者たちはシンクロを起こしてあなたを応援してくれるのです。

ピコーン♪　シンクロの解読の方法を手に入れ、あなたはレベル20となりました！

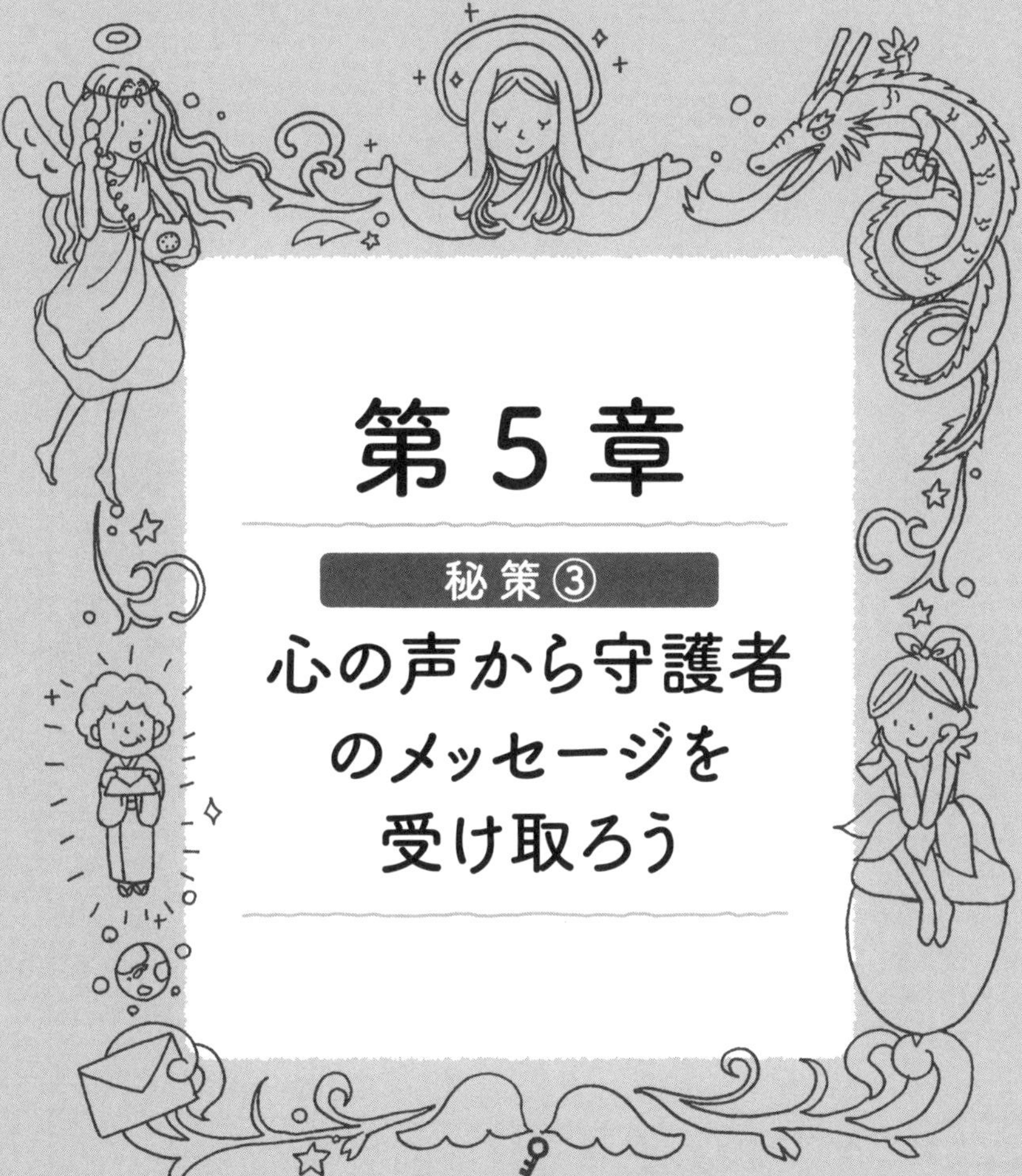

第５章

秘策③

心の声から守護者のメッセージを受け取ろう

LET'S HEAR THE VOICE OF YOUR GUIDE

誰かの話を聞いたり、物を見たときに何となく浮かんだ言葉は守護者の声

ここでは、守護者たちからのメッセージを受け取るための、３つ目の「秘策」をお伝えしていきましょう！

それは、「なんとなく感じた心の感覚からメッセージを受け取る」というものです。

第3章では、守護者たちからのメッセージを受け取るには、「心で感じたことを頭で言葉に変換する」とお伝えしました。

つまり、**「あなたが心で何かを感じるとき」とは「あなたに守護者たちからメッセージが届いているとき」**なのです。

守護者たちがあなたにメッセージを伝えるために、あなたの心に電話をかけてきているといったイメージを想い描いてください。

守護者たちがあなたに電話をかけてくると、あなたの心は「ワクワク」「モヤモヤ」「心

心が……なんとなく、ワクワク・心が軽い・モヤモヤ・心が重い

が軽い」「心が重い」「なんとなく○○したい」というように反応します。

図にすると、上のようになります。

このように心が反応するときは、守護者たちから電話がかかっているとき、つまり、あなたにメッセージが届いているときなのです。

つまり、**「ワクワク」「モヤモヤ」「なんとなく」と感じるときは、その感覚を「言葉」に変換することで守護者たちからのメッセージを受け取ることができるわけです。**

「この心の感覚は何と言っているのかな……？」

と、あなたの心が感じていることを、しっかりと感じるようにして、なんとか「言葉」に変換していってみてください。

たとえば、
「この感覚は……『私に○○に行ってごらん』と言っているな」
「この感覚は……『私に○○さんと連絡を取ってごらん』と言っているな」
「この感覚は……『今日は早く家に帰ってごらん』と言っているな」
と、いったように、あなたが感じている心の「ワクワク」や「もやもや」「なんとなく」を「言葉」に変換していくわけです。

そして、その内容が「愛と調和」「自分が向上できる方向性」であれば、実行に移してみてください。

すると、うれしいシンクロが起きたり、人生のより良い流れに乗ったりすることができます。

この、「感じたことを『言葉』に変換すること」は、やればやるほど上手にできるようになっていきますので、ご安心ください。

そして、この感じたことを「言葉」に変換することをマスターするための練習方法があります。

あなたも、守護者たちからのメッセージを「言葉」に変換することが、だんだんできるようになっていきます。

「心で感じる」というと、秘策①の「ハートでメッセージを受け取る」というものと少し似ていますよね。

秘策①は「守護者の声を直接聞く練習」であり、秘策③は「心で受け取ったものを言葉に変換してメッセージを受け取る練習」といったところが、それぞれのポイントになります。

「守護者たちの声は周波数やエネルギーのようなもの」とお伝えしましたが、実はあなたが頭の中で考えているときの声や言葉、**つまり思考も周波数やエネルギーです。**

あなたが頭の中で何かを考えているとき、常に考えているコトと同じエネルギーを、あなたは周囲に発しているわけです。

明るく楽しいことを考えていると、あなたは明るく楽しいエネルギーを発しています。

思考は見えないエネルギーなのです。

そして、守護者の、守護霊、天使、女神、龍神、妖精たちは、この見えない思考のエネルギーを使って会話をしていますので、当然、あなたの発している思考エネルギーもしっかりとキャッチして理解することができます。

つまり、守護者たちはあなたの発している思考エネルギーから「あなたの考えていること」を、全部理解することができるわけです。

あなたの考えていることは、守護者たちにすべて、しっかりと聞こえています。

あなたの気持ちを、守護者たちはしっかりと理解してくれているので、ご安心ください。

守護者の声をハートでキャッチするコツ

守護者たちから、あなたに電話がかかってくると、そのエネルギーをあなたのハートがキャッチします。

そして、このハートがキャッチした感覚を「言葉」に変換してメッセ―ジとして受け取るわけですが、そこには、実はコツがあります。

それは**「紙に書き出してみる」**というものです。

あなたの心の「わくわく」「モヤモヤ」「心が軽い」「心が重い」「なんとく」といった感覚を、**「この感覚は何と言っているのだろうか？」**と思いながら、そのとき感じることをどんどんと紙に書き出してみるわけです。

頭の中だけで考えているときよりも、紙に書き出すことで、よりスムーズに、感じていることを**「言語化」**しやすくなります。

実際に紙に書き出すときのポイントは、

・ほんのちょっとでも感じているのならば、正直に書く

・「本当は～と思っている」と、本当の気持ちを認めて書く
・思いついたら「楽しい」「つまらない」など単語だけでも書く
・「守護者たちに○○してごらん、と言われているような気がする」ことを書く

といったものとなります。

このようなことを紙に自由に書き出していくわけです。これはものすごく大切なことです。

これを行うと、あなたが直面している問題の解決がものすごくスピードアップします。

自分が本当はどう感じているのかを「言葉」にしていくことで、問題への対策が自然と見えてくるのです。

また、自分が本当に望んでいる道が見えてくるので、より自分の望む「ワクワク」する人生へと進んでいくことができるようにもなります。

あなたの心の感覚を**「言語化」**することで、あなたの人生の冒険において、進むべき道が見えてくるわけですね！

メッセージをキャッチする３つのワーク

これから、守護者たちからあなたにかかってきた電話を、具体的なメッセージに変換していくための３つのワークをしていきます。

１つ目のワークは**「カウンセラーワーク」**です。
あなたが人の相談に乗ることで、心でキャッチした守護者たちからのアドバイスを「言葉」に変換するというものです。
これを真剣にすることで、あなたは守護者たちとつながりやすくなり、メッセージが受け取りやすくなります。

２つ目のワークは**「イメージワーク」**です。
あなたのイメージ力を向上させて、あなたが感じたコトを「音」「絵」「発想」にしていくというものです。

これをすることで、あなたは守護者たちからのメッセージをイメージの力を使って受け取ることができやすくなります。

3つ目は**「言語化ワーク」**です。

あなたが心に感じたコトを「言葉」に変換するというものです。

これをすることで、あなたは守護者たちからのメッセージを具体的な「言葉」に変換することが、よりスムーズにできるようになります。

この3つのワークをしているときも、あなたの守護者たちは、あなたをサポートしてくれていますので、「頭の後光のあたり」や「ハートのあたり」に響く声や言葉を意識しながら進めてみてください。

ワーク中、守護者たちが、あなたの頭の中にアイデアやヒントを吹き込んでくれます。

それでは次から、ワークの実践に入っていきましょう。

カウンセラーワーク
～人の相談に乗って、守護者のメッセージを受け取る

あなたはココではカウンセラーになります。悩みの相談に乗ってみてください。相手のことを真剣に考えてアドバイスをしてあげましょう。

このことで、あなたは自然と守護者たちとつながりやすくなります。

なぜ、相談に乗るとメッセージを受け取れるのか？

私がはじめに守護者たちからメッセージを受け取っていると実感したのは、実は「友人の相談に乗っているとき」でした。

人の相談に乗っていると、「なんとか相手を励まそう」「なんとか相手に良いアイデアを渡してあげよう」と、真剣に考えることになります。

相手のために懸命に考えることは「愛」であり、「利他的」な行動です。実はこのような状態になると、周波数が整い、守護者たちからのメッセージを受け取りやすい状態になるのです。

すなわち、「霊的な能力＝愛」なのです。

他者のために真剣に考えてあげることで、守護者たちからの言葉をスムーズにキャッチすることができるようになるのです。

このときポイントになるのが、「言語化」です。

相手のためになんとか「言葉」を見つけてあげようと集中する。そこに「言葉」がふと浮かぶのです。

自分の言いたいコト、相手に伝えたいコトをなんとか言葉にする。その行為自体が、守護者たちとつながる第一歩になります。

ここでのポイントは、

- 真剣に、とことん考える
- ふと頭に浮かぶことを大切に受け取る
- いくつもアイデアを考えてみる
- 愛と調和の、より良いアイデアを考える

といったものとなります。

このようなポイントで考えてあげることで、より守護者たちからのメッセージが受け取りやすくなります。

相手のために真剣に考えていると……

守護者たちから素晴らしい
アイデアが送られてくる！

インスピレーション

＝

直訳すると『霊感』

「いいこと言ってるな！」は、守護者の言葉

人の相談に乗っているときに、次のようなことを感じたことはありませんか？

「あれ？　今、私すごくいいこと言っているかも？」

といったものです。

私もそうでしたが、人の相談に乗っているときには「**自分でも驚くほど素晴らしい**アイデアが頭に浮かぶ」ことが多いのです。

当初、私は「それは自分が考えて思いついたアイデアなのだ」と思っていました。

しかし、その後いろいろな霊的体験をしていくうちに、「その素晴らしいアイデアは私が考えたモノではなく、守護者たちから受け取っていたメッセージだったのだ」と気がつかされたわけです。

つまり、このような体験をしたことのあるあなたも、そのとき守護者たちからメッセー

ジを受け取っていたわけなのです。

これから行うワークのなかでも、あなたが「あれ？　今、自分すごくイイこと言っているな～」と感じることがあるかと思います。

そして、多くの場合、その言葉があなたの頭の後光のあたりに浮かぶことがあります。

実は、それが守護者たちからのメッセージであるケースが多いので、そのときの感覚をなるべく意識して覚えておくようにしてください。

「あれ？　ちょっとこれは自分ではない感覚だな……これは守護者の声かも？」

というところを意識するわけです。

その微妙な感覚の違いを意識していくことで、だんだんと守護者たちの声が浮かび上がってきます。

そして自分の声との違いがわかるようになります。

そして、「ああ、これは守護者たちの声だな」と感じたら、「ありがとう！」「センキュ！」

などと、お礼を伝えてみてください。

そうすることで、さらにあなたは守護者たちのメッセージを受け取りやすくなります。

それでは次に、実際の「カウンセラーワーク」にトライしてみましょう！

01 Aさんの相談に乗ってみよう⇩職場の人間関係の悩み

Aさんは会社員です。
そしてAさんの上司はとても厳しい人です。
Aさんは上司の長い説教がとても嫌で耐えられません。
本当に疲れてしまうのです。
そして、Aさんはあなたに問いました。

「どうしたら上司に、説教を早く終わってもらうことができますか？」

Q

あなたからAさんへのアドバイス

Aさんのためになることをしっかりと考えて、アドバイスを口に出して言う、もしくは書き出してみましょう。

あなたのアドバイス

どんな解答であっても、あなたが真剣に考えて浮かんだアドバイスであれば正解です！
次に、あくまで参考として、解答の一例をあげてみます。

解答の一例

どうして上司の説教が長くなるのかというと、上司は「Aさんが本当に理解できているのか不安だから」なのです。

上司は、あなたが完全に理解できたと安心したら、自然と説教を終えます。

ですから、上司の説教を短くするには「上司に安心を与える」ことがポイントとなります。

説教を受けているときに「相手の顔を真摯に見て」「メモを真剣に取り」「ああ、なるほど」とか「確かにそうですね」「是非やってみます」という相づちを打ってみてください。

上司に「私は真剣に聞いていますよ」「私は理解していますよ」「次は成功するようにやる気がありますよ」ということをわかってもらって安心を与えるわけです。

そうすることで、説教は必ず短くなります。

02 Bさんの相談に乗ってみよう⇩恋愛の悩み

相談者Bさんは、パートナーから誕生日のプレゼントをもらうことになっていました。

ところが、そのプレゼントが誕生日当日に届きませんでした。

どうやら相手は、日にちの指定をし忘れてしまったようです。

相談者Bさんは、プレゼントが届くのをとても楽しみにしていましたので、とてもがっかりして怒ってしまいました。


「どうして日にち指定をしてくれなかったのか！」

腹が立って仕方がありません。

そして、Bさんはあなたに問いました。


「こんなとき、どうしたら自分の感情から抜け出せますか？」

Q

あなたからBさんへのアドバイス

Bさんは、どのように考えれば、怒りを克服してよりポジティブな考え方になれるでしょうか？　アドバイスをして、Bさんの考え方を「よりポジティブなもの」に変えてあげましょう。真剣に考えていると、守護者たちがあなたに良いアイデアを届けてくれます。

あなたのアドバイス

解答の一例

どんな解答であっても、あなたが真剣に考えて浮かんだアドバイスであれば正解です！

次に、あくまで参考として、解答の一例をあげてみます。

自分の感情から抜け出せないときは、「一旦、相手の立場になって考えてみる」といいでしょう。

すると、「相手もBさんに誕生日にプレゼントを届けたかったはず」、「しかしそれができずに相手もショックを受けているはず」ということが見えてきます。

そこが見えれば「ああ、あまり責めてしまったら可哀想だな」と思えます。

そしてさらに、「誕生日にプレゼントが届かない」という状況のどこかに、メリットがないか探してみましょう。

そして、自分もがまんすることなく、相手を気遣った言い方はないだろうか？　考えてみましょう。

「プレゼントが届く楽しみが明日まで続くね！　ありがとう！」なんて言ってあげると、自分も楽しい気持ちになり、それに相手もホッとしてくれるかもしれませんね。

「自分も相手も我慢することのない愛と調和の方法」を真剣に考えようとすると、守護者たちが、それを可能にするアイデアをあなたの頭に吹き込んでくれます。

03 Cさんの相談に乗ってみよう⇩将来の悩み

Cさんは学生です。将来の進路に関してとても悩んでいます。

「やりたいことが見つからない」

とのことです。

そしてCさんはあなたに問いました。

「どうしたら、やりたいことって見つかるのですか？」

Q

あなたからCさんへのアドバイス

あなたのアドバイス

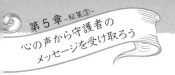

どんな解答であっても、あなたが真剣に考えて浮かんだアドバイスであれば正解です！

ちなみに解答の一例としましては、

解答の一例

何事も「答えが見えない」ときは、ジグソーパズルのピースがまだ集まっていない状態だと考えてみてください。そして、パズルのピースが集まれば、ジグソーパズルと同じように答えは自然と見えてきます（168ページの図をご参照ください）。

それではCさん、あなたのパズルのピースを集めていきましょう。

「やりたいことを見つける」には「自分自身と世界を知る」ことが必要です。

まずは、Cさん、あなた自身を知るために、あなたの「興味のあること」や「得意なこと」など、すべて紙に書き出してみてください。

次に、世界を知るために、本や雑誌やネットで少しでも興味のありそうな世界についてあれこれ調べて「情報を集めて」みてください。

そうしていくと、必ずあなたの心が惹かれるものが現れますので、そしたらさらにその情報を集めて、実際に行動に移してみてください。

この行動を繰り返していくうちに、パズルのピースが集まり、必ず何かしらやりたいことが見えてきます。

04 Dさんの相談に乗ってみよう⇩親子関係の悩み

この問題は心理学者、アルフレッド・アドラー氏の実際の体験からのものです。


相談者Dさんには、5歳の男の子がいます。

Dさんはその男の子に留守番を頼み、街へ出掛けました。

そして、Dさんは用事を済ませて家へ帰ってきました。

すると、びっくりです。男の子は足の踏み場もないくらいに、床一面におもちゃを散らかしてしまっていたのです！

それを見たDさんは、堪えようのない怒りが込み上げてしまいました。

そしてDさんはあなたに問いました。


「こんなとき、子どもに対して何と声をかければよいのでしょうか？」

Q

あなたからDさんへのアドバイス

あなたのアドバイス

解答の一例

どんな解答であっても、あなたが真剣に考えて浮かんだアドバイスであれば正解です！

ちなみに参考として、アドラー氏のとった行動も見てみましょう。

アドラー氏は5歳の男の子に言いました。

「上手におもちゃを広げたね。同じように上手におもちゃを集められるかな？」

すると、その男の子は1分も経たずに、すべてのおもちゃを片付けてしまいました。

（『マンガでやさしくわかるアドラー心理学』岩井俊憲著・日本能率協会マネジメントセンター参照）

それでは、私が考える方法もお伝えしましょう。

自分の望む状況に近づけたいときは、「提案」や「依頼」の言葉を探してみてください。

今回のケースでは、Dさんは、「自分の望む状況と違った」「自分の思い通りにいかなかった」という理由で怒りが込み上げてきています。

そして、怒りがあると「どうしてそういうことするの！」とか「こんなに散らかして！」

という言葉が口から出てきそうになります。

これは、相手を「責める言葉」です。しかし、「怒りの言葉」や「責める言葉」では、自分の望む状況に近づけることはできません。

では、どうしたら自分の望む状況に近づけることができるのでしょうか？

それには、**まず、「自分が望む状況とは何か」をしっかり考えてみてください。**

ここでの「自分の望む状況とは、「おもちゃが片付いている状況」です。

そして、その自分が望む状況に近づける言葉を探しましょう。

すると、「おもちゃを片付けようね」という「提案」や「依頼」の言葉が必要だと気がつきます。

大人同士の場合も同様に、**愛と調和のもとに「提案」や「依頼」の言葉を探して、相手にお願いしてみると、スムーズにことが進むケースが多いものです。**

相手が子どもの場合は「やる気を出させる」工夫が必要になります。

「1分で片付けたらスゴイね！」（提案）とか「片付け、よ～いスタート！」（依頼）みたいな感じがいいでしょう。

イメージワーク
～イメージ力を鍛えて、イメージから守護者のメッセージを受け取る

ここでは、あなたのイメージ力をトレーニングします。

イメージ力を使うことは、守護者たちからのメッセージを受け取るさいに、とても役立つことなのです。

あなたのイメージ力を向上させると、よりスムーズに守護者たちからのメッセージを受け取りやすくなります。

なぜ、イメージ力を鍛えると、メッセージを受け取れるのか？

ここで、ちょっとおもしろいことをお伝えしましょう。実は、

イメージ力≒霊的な能力

とも言えるのです。

たとえば霊界では、あなたがイメージしたものが形を作り上げ、そこにその姿を現します。

あなたがイスをイメージすると、そこにイスが現れるのです。

このようにイメージすることと、物事を実現化させることとは深いつながりがあります。

イメージ力を向上させることは、霊的感覚を向上させることにつながります。

そして霊的な感覚が向上すれば、もちろん守護者たちからのメッセージも受け取りやすくなります。

また、音楽や絵を描くなどの芸術活動をしている人には、霊的な感性に長けている人が多いというようなことを、あなたもよく耳にするかと思います。

実際、芸術はインスピレーションをもとに作品を作ります。

インスピレーションとは直訳すると「霊感」です。

インスピレーション（霊感）をもとに、何かをイメージして音や絵などの作品にするのが芸術です。

芸術には、「見えない存在たちからインスピレーション（霊感）を受けて、それを形にしている」という側面があるわけです。

つまり、芸術に触れる機会の多い人は、「イメージ力」や「インスピレーション」をよく使うので、守護者たちからのメッセージを受け取りやすくなるわけです。

是非、**あなたも日頃から芸術に触れることやイメージ力を使うことを意識してみてください。**

それでは、これから守護者たちからのメッセージをよりスムーズに受け取れるようになるための、あなたの「イメージ力」を向上させる「イメージワーク」を、一緒にやっていきましょう！

まずは、写真を見て自由に音楽をイメージしてみましょう。

イメージワーク練習問題01

Q 次の写真を見て、その写真に合う音楽を自由にイメージしてみましょう！

あなたの知っている曲で、この写真にぴったりの曲を、この写真を見ながら実際に頭の中で流してみてください。あなたはどんな曲が頭の中に流れましたか？

A あなたが感じたとおりの曲であれば、どんな曲でも正解です

たとえば、「インディ・ジョーンズのテーマ」「シーズン・イン・ザ・サン」「夏が来る」などなど。あなたがそう感じた曲であれば、すべて正解となります。あなた自身のイメージの力を大切にしていきましょう。

霊的な音や声を聴くことを「霊聴」といいます。頭の中で聞こえないはずの曲を流すことで「霊聴」の練習になります。そうすることで、より守護者たちの声が聞こえやすくなるのです。普段から、**「自分の好きな曲を頭の中で流す」**とか、**「独り言のように頭の中で言葉をしゃべる」**また**「あなたが感じたままに鼻唄をうたう」**と、守護者たちの声が聞こえやすくなります。

この方法はかなり効果的なので、なるべく日常的にやるようにしてみてください。

次は、文章を視覚化してみましょう。

イメージワーク練習問題02

Q　あなたの顔の正面の好きなところにスクリーンをイメージして、そこに絵を描いていくような感じで、次の文章を視覚化・イメージ化してみましょう

　あなたは今、山の中にいます。目の前には１本の真っ直ぐに伸びた山道が見えます。その道は山の中腹あたりにある赤い屋根のログハウスにまで続いています。その道の両脇には背の高い木々があり空はほとんど見えません

見えた光景を実際に描いてみましょう

さて、どのような絵が浮かびましたか？
イメージ化することはできましたか？
それでは正解例を見てみましょう。

正解例

おおよそ、

「一本の真っ直ぐに伸びた道」

「ログハウスの赤い屋根」

「両脇の背の高い木々」

の3つのポイントのある風景をイメージ
できていたら正解です。

イメージワーク練習問題03

Q あなたの顔の正面の好きなところにスクリーンをイメージして、そこに絵を描いていくような感じで、次の文章を視覚化・イメージ化してみましょう

あなたの目の前に女性がいます。その女性は顔を洗うときに両手で水を汲むように手の平で器を作っています。そして、その手の器には土が盛られています。そしてその土の中央には、鮮やかな緑色をした小さな葉っぱの芽が植えられていました。あなたはその手の中の葉っぱを眺めています

見えた光景を実際に描いてみましょう

どうでしょうか？
イメージ化することはできましたでしょうか？
それでは正解例を見てみましょう。

正解例

おおよそ、「手の平に土がある」「土からは緑色の小さな芽が出ている」「女性の手である」この3つのポイントをおさえていれば正解となります。

読書の際にも、以上のような要領で本を読むと、イメージ力を鍛えることができ、それが、インスピレーションや霊的な能力を鍛えることにつながります。

より細かく文章をイメージ化することができるようになると、小説や本を読むのがとても楽しくなりますよ！

次は、見たモノから自由に発想してみましょう。

イメージワーク練習問題04

Q
次の図は何に見えますか？
自由に発想してみて「５つ以上」
イメージしてみましょう。

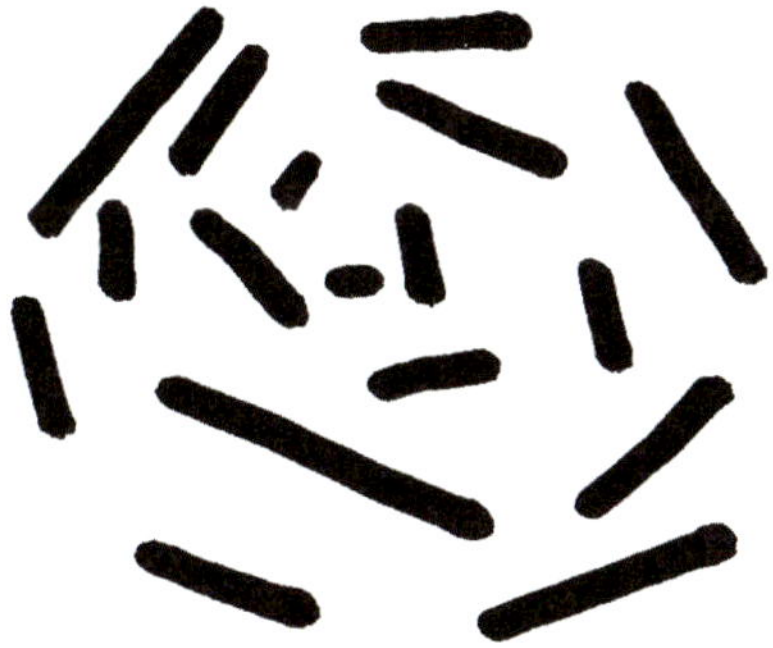

あなたが感じたままに、
見たモノから自由に発想してみましょう！

①

②

③

④

⑤

Ⓐ あなたにとって「そう見えたモノ」がすべて正解となります。

どうですか？　５つ以上のイメージが思い浮かびましたか？

あなたが感じたことを大切にして、それを愛と調和で受け入れてみてください。

たとえば「うず」「バラの花」「ナルト」「ミステリーサークル」「迷路」「巻き寿司」「ストーンサークル」「宇宙船」「ソフトクリーム」「コンピューター回路」などなど。

これら以外のモノをイメージできた方も、素晴らしいイメージ力をお持ちということになります。どんなものであってもすべて正解ですのでご安心ください。

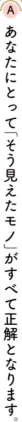

イメージワーク練習問題05

Q

次の雲の形は何に見えますか？
自由に発想して５つ以上
イメージしてみましょう。

あなたが感じたままに、
見たモノから自由に発想してみましょう！

①

②

③

④

⑤

A あなたにとって「そう見えたモノ」がすべて正解となります。

あなたが感じたことを大切にして、それを愛と調和で受け入れてみてください。

たとえば、「矢を射るキューピッド」「大きな手」「鳳凰」「揺り籠」「ソリ」「ロッキングチェア」「空飛ぶじゅうたん」「ドラゴン」など、どんなものであっても正解となります。

普段から、「あの形は〜みたいだね」とか「あの雲は〜に似ているね」と、見たモノを「言葉」にするようにしてみてください。

このような練習をすることで、「見たモノから、象徴的な意味」をイメージしやすくなります。すると、シンクロや守護者たちからのメッセージも解読しやすくなります。

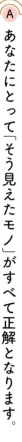

言語化ワーク
～心に浮かんだことを言語化してメッセージを受け取る

次は「言語化ワーク」です。写真や絵を見て、あなたが感じたことを「言語化」、つまり「言葉」にしてみましょう。
あなたの感じたことを**「言語化」**する。これが守護者たちからメッセージを受け取る最大のコツとも言えます。楽しくしっかりと練習してみましょう！

なぜ、言語化することが大切なのか？

たとえば、ここに「ピントのぼけた写真」があるとします。
この写真はピントがぼけてしまっているので、何が写っているのかハッキリとはわかりません。これでは、まったく役に立ちません。
それと同じで、せっかく守護者たちがあなたの心に「ワクワク」「もやもや」「なんとなく」といったメッセージを届けてくれても、このままでは「ピントのぼけた写真」と同じです。

ピントが合っていないので、どんなメッセージなのかハッキリとはわからないのです。

それでは、どうすれば守護者たちから受け取ったその「もやっと」した心の感覚を、ピントを合わせるようにハッキリさせることができるのでしょうか？

実は、その方法が「言語化」なのです。

「ワクワク」「もやもや」「なんとなく」といった心の感覚を「言語化」するとは、実は写真でいうと「ピントをしっかり合わせる」といったことなのです。

そうすることで、あなたの心がキャッチした「守護者たちのメッセージがハッキリとわかるようになる」のです。

そうすると、実際にあなたの役に立つメッセージとなるわけです。

心に感じているだけでは人は動けませんが、心に感じていることを言語化してメッセージにすることで、「具体的にどう動けばよいのか」もわかります。

是非、心の感覚を「言語化」、つまり「言葉」にする習慣をつけましょう！

それでは、これから実際に「言語化ワーク」をやってみましょう！

言語化ワーク練習問題01

Q

次の写真を見て、あなたが感じたことを
自由に「言葉」にしてみてください。
どんなことでもいいので、あなたが感じた
ことを言葉にしてみてください。

あなたが感じたこと

A あなたが感じたことすべてが正解となります。

あなたが感じて、言葉にしたことを大切にしていきましょう。

正解例としては、

「ああ、こんなところで休日を過ごしてみたいな……」

「あの人とこんなところへ行ってみたいな……」

「こういうところもイイけど、やはり私はパリに行ってみたいな……」

「ここなら洗濯物が一瞬で乾きそうだな……」

などなど。


あなたの感じたことを「言葉」にする習慣をつけましょう！

言語化ワーク練習問題02

Q 次の写真を見て、あなたが感じたことを
自由に「言葉」にしてみてください。

あなたが感じたこと

Ａ あなたが感じたことすべてが正解となります。

正解例としては、

「あの光の向こうに、私の新しい人生が始まる気がする……」

「あっ！　あそこにかぐや姫がいるのかも……」

「あっ！　あの光はきっと未知なる宇宙船の光だ、遂にお迎えが来たか……」

「そうだ……京都へ行こう……」

などなど。

心で感じたことを自由に「言葉」にしてみてくださいね。

言語化ワーク練習問題03

Q 次の写真を見て、あなたが感じたことを
自由に「言葉」にしてみてください。

あなたが感じたこと

A あなたが感じたことすべてが正解となります。

正解例としては、

「目が覚めたら、どうやら未来に来てしまったらしい……」

「ここは別の惑星だろうか……」

「帰省したら、まさか実家がこんなことになっていたとは……」

「ここはどこ？　人がいないなあ？　ド〇えも～～ん!!」

などなど。


あなたが感じたことを自由に「言葉」にしてイイのですよ。これが大切なのです。

応用問題

次は、あなたが写真を見て感じたコトをもとに、今の「状況」「心境」と照らし合わせて、「どうしてそのように感じたのか？」を推測してみてください。

つまり、「写真を見たときの、この心の感覚は何と言っているのか？」を「言語化」して、守護者たちからのメッセージを「解読」するのです。

やり方は、シンクロ解読の際と同じです。

それでは、実際に私がやってみましょう。

たとえば、下の写真を見てください。

まずは、この写真を見て感じたことを「言語化」してみます。
私の場合、この写真から感じたことを「言葉」にすると、

「世の中にはいろいろな価値観がある」

となります。

ここから、今の私の「状況」と「心境」と照らし合わせて、「守護者たちは私に何をしてごらんと言っているのか？」を推測するわけです。それが守護者たちからのメッセージなのです。

私の今の「状況」は「最近、理想の生き方とは何か？　を考えている」状況で、「心境」は「世の中には、様々な人生の価値観があるのだな……」というものです。

これらと、写真を見て感じたことから、守護者たちからのメッセージを「解読」するわけです。

私がこの写真を見て感じたことからの、守護者たちからのメッセージは、

「しっかりと自分の人生の価値観を見つけて、そこに立ってごらん」

というものだと解読しました。

この練習をやっていくと、どんどん上手に、あなたが感じたことから守護者たちからのメッセージを「解読」できるようになります。

あなたが眠っている間にも、夢から守護者たちからのメッセージを受け取ることがあるのですが、そのときの解読方法も、これと同じような形となります。

すると、あなたは**「夢からも守護者たちからのメッセージを受け取れる」ようになるのです。**

それでは、次から一緒に問題を解きながら、練習していきましょう！

言語化ワーク練習問題04

Q

下の写真を見て、あなたが感じたことを自由に「言葉」にしてみてください。

そして、その言葉にはどんな守護者たちからのメッセージが隠されているのか、今のあなたの「状況」と「心境」に照らし合わせて「解読」してみてください。

あなたの感じたこと

守護者たちからのメッセージ

A

あなたが感じたことすべてが正解となります。

どうでしょうか?

守護者たちからのメッセージを、自分なりに解読できましたでしょうか?

大丈夫ですよ! あなたは上手にできています! あなたが感じたメッセージが正解となります。

正解例としては、次のようなものとなります。

(矢印の下の言葉が「守護者たちからのメッセージの解読例」です)

「キター! ギターってカッコイイなあ!」⬇「自分の好きなモノをはじめてごらん」

「あっちゃ~間違えちゃった……」⬇「しっかり練習しておきましょう」

「あ~もう! 何で部長わかってくれないのかな……」⬇「しっかり伝えてみましょう」

「やはり、生きがいを持っている人ってイイなあ……」⬇「生きがいを探してごらん」

などなど。

言語化ワーク練習問題05

Q 次の写真を見て、あなたが感じたことを自由に「言葉」にしてみてください。

あなたが感じたこと

↓

守護者たちからのメッセージ

A あなたが感じたことすべてが正解となります。

正解例としては、

「食べたいけど……ダイエット中だからな……」⬇「ダイエットがんばりましょうね」

「このチョコの溢れた感じがポイントだな……」⬇「あなたもお菓子をつくってごらん」

「近所にこんなカフェがあったらイイな……」⬇「落ち着く場所を探してごらん」

「チョコよりもフルーツタルトがイイな……」⬇「自分の好きなことを選んでごらん」

などなど。

あなたの「心境」と「状況」に照らし合わせて、守護者たちからのメッセージを「言語化」してみてくださいね。

言語化ワーク練習問題06

Q 次の写真を見て、あなたが感じたことを自由に「言葉」にしてみてください。

あなたが感じたこと

守護者たちからのメッセージ

A あなたが感じたことすべてが正解となります。

正解例としては、

「やはり、助け合いや協力は大切だな……」⬇「助け合いや協力が必要なときですよ」

「長年の努力や苦労がやっと実った瞬間だな……」⬇「達成を目指してがんばりましょうね」

「そう言えば、私も助けられているな……」⬇「人からの助けに感謝してごらん」

「実は小さい岩場だったりして……」⬇「あなたの問題は必ずクリアできますよ」

などなど。

心に感じている感覚を、「愛と調和」「自分が向上できる方向性」をもって、守護者たちからのメッセージとして「言語化」してみてくださいね。

言語化ワーク練習問題07

Q 次の写真を見て、あなたが感じたことを自由に「言葉」にしてみてください。

あなたが感じたこと

守護者たちからのメッセージ

A あなたが感じたことすべてが正解となります。

正解例としては、

「いや〜リラックス、楽しいなあ〜……」⬇「リラックスしてごらん」

「オレの肉球はこれだぜ……」⬇「ありのままの自分でいましょう」

「寝たふりしとこ……」⬇「逃避せず、人生の課題と向き合いましょう」

「私は今大空を飛んでいる」⬇「愛と調和で自由に行動してみてごらん」

などなど。

「この心の感覚は何と言っているのだろうか」と、心で感じていることから守護者たちからのメッセージを「言語化」してみてくださいね。

このように、あなたが感じたことを「言葉」にして、そこから「守護者たちからのメッセージを解読する」ことを大切にしていってください。

日頃からこうしていると、守護者たちから電話がかかってきたときにも、あなたの心が感じていることを「言葉」に変換して、メッセージを受け取りやすくなります。

これからは、**心が「なんとなく」「もやもや」「ワクワク」するときや、「やたら気になること」があったときには、**「自分が何を感じたのか？」そして、そこには「どんな守護者たちからのメッセージがあるのか？」を「言葉」にするようにしてみてください。

そうすることで、あなたは守護者たちからの大切なメッセージを受け取ることができるのです。

あなたの心が感じていることを「言語化」することが、守護者たちからメッセージを受け取る上での最大のコツなのですね！

おめでとうございます！
すべての課程を修了しました！

以上であなたは、人生の冒険をより良くするための「3つの秘策」をすべて手に入れることができました！

「秘策」は何度も何度も繰り返し練習することで、どんどんと上手になっていきます。

この「3つの秘策」を使って、守護者たちからのメッセージを受け取ってみてください。

そして、そのメッセージを、愛と調和をもとに「行動」に移すことで、あなたの人生の冒険がよりスムーズに展開されるようになります。

そして、あなたの夢への扉が開いていくのです。

ピコーン♪　『3つの秘策』を手に入れ、あなたはレベル50となりました！

最後に

守護者たちからメッセージを受け取るための「3つの秘策」はいかがでしたでしょうか。どの「秘策」にしても、「頭に浮かぶアイデアや言葉」が鍵となります。これは「閃き」とか「インスピレーション」のことです。

「インスピレーション」とは直訳すると「霊感」でしたね。そして「インスピレーション」や「閃き」の経験のない人はまずいません。

実際、あなたもこれまでに何度も「インスピレーション」や「閃き」を経験しているかと思います。

つまり、あなたもこれまでに「閃き」をもとに、

「この出来事には、実はこんな意味があるのでは？」

「うわっ！　自分では思いつかないような素晴らしいアイデアが浮かんだな」

「なんとなく○○したほうがイイと言われている気がするな」

といったことを感じる経験を何度かしているものと思います。

それこそが「守護者たちからのメッセージ」だったのです。

そうなのです！

ただ、そのことに気づいていなかっただけで、あなたも何度も、すでに守護者たちからメッセージを受け取り、さらにはそれを行動に移していたのです！

まずは、その事実にしっかりと目を向けて受けとめてみてください。

あなたはこれまでにも、**何度も守護者たちからメッセージを受け取っていた**のです。

守護者たちからメッセージを受け取ることは、実は誰にでもできるシンプルなことであり、特別なことではありません。

実際に誰もが日常的にすでにやっていることなのです。ただ、そのことに気づいていなかっただけなのです。

ただ、なんとなく無意識でやっていたことなので、これまでは「せっかくの守護者たちからのメッセージに気づかずスルーしてしまって活かしきれなかった」ことも幾度かあったかと思います。

これからはあなたもこの**「３つの秘策」**をもとに、**「意識的に守護者たちからのメッセージを受け取り行動に移して」**みてください。

そうすることで、必ずあなたは守護者たちからのメッセージを、あなたの人生により確実に活かせるようになります。

そしてそのことが、

「人生の冒険の旅をよりスムーズに展開させて、あなたの夢が叶う」

ことにつながっていくわけです。

この「３つの秘策」は、あなたが守護者たちからのメッセージをより確実に受け取り、それを活かすための鍵なのです。

是非、あなたもこの「３つの秘策」を、楽しく活用してみてください。

「3つの秘策」を意識した日常の過ごし方15のコツ

次のようなことを『愛と調和』のもとに
日頃から心掛けていると、
守護者たちからのメッセージが、
より受け取りやすくなります。

秘策①

守護者たちの声を聞く

- 頭の中でAとB（もしくはC）に振り分けて守護者に話しかけてみる（→P.96）
- 頭の中で守護者にあなたの願いをしっかり伝えておく（→P.66）
- 頭の中で守護者にあなたの不満をしっかり聞いてもらう（→P.109）
- 頭の中でしっかりと考えて「自分会議」をしてみる（→P.112）
- ふと「頭に浮かんだコト」を大切にする（→P.72）

秘策②

シンクロからメッセージを解読する

- 「この出来事にはどんな意味があるのだろうか？」と考えてみる（→P.158）
- 気になる出来事が起きたら「そのとき何を考えていたのか」を思い出す（→P.135）
- 知りたいコトや疑問があるときは、パズルのピースのように情報を集める（→P.168）
- 自分を大切に想ってくれている人の言葉に注目してみる（→P.169）
- 夢で見た内容を、自分の「心境」と「状況」に照らし合わせて解読してみる（→P.229）

秘策③

心の声からメッセージを受け取るトレーニング

- 人の相談ごとを真剣に考えてあげる（→P.183）
- 頭の中で曲や歌を流したり、感じるままに「鼻唄」をうたってみる（→P.210）
- 本を読むときは、映像をイメージしながら読む（→P.214）
- 何かが気になるとき、心が感じたことをハッキリと「言葉」にして紙に書き出し、そこには「どのような守護者からのメッセージがあるのか」解読してみる（→P.179）
- 芸術に触れることやイメージ力を使うことを意識するようにする（→P.208）

12のメッセージ～守護者から、あなたへの魔法の言葉

ここでは、あなたの人生の冒険において必要な、守護者たちからの12のメッセージを「閃き」「行動」「内観」「導き」という項目に分けてご紹介いたします。

これは守護者たちからの、あなたへの魔法の言葉です。この12の言葉を覚えておくと、あなたがその言葉を必要としているときに、守護者たちがあなたの頭の中にフッと吹き込んでくれるようになります。

最初から順に読むのもいいですし、何か自分に関して知りたいときに、「直観に従ってパッと開いたページの言葉」をその日の言葉として読むのもいいでしょう。何度も繰り返し読んで、記憶しておいてくださいね。

まずは、直観にしたがってパッとページを開いてみてください。

きっとそこには、あなたが必要としている言葉が書かれていますよ。

閃き
ふと「頭に浮かんだコト」は
守護者からの合図です。
愛と調和で行動に移してみましょう。
人生の正しい流れに乗りはじめます。
そして、
楽しい出来事とつながります。

自分の好きなモノ、
好きな場所、
好きなコトを意識的に
たくさん作りましょう。
好きなものがたくさんある人は、
自動的に人生が楽しくなり、
幸せになります。
閃きも冴えます。

あなたには、
あなたにぴったりの
場所やモノやコトがあります。
それは、あなたの
心のセンサーが知っています。
心が感じたことを、
愛と調和をもって
行動に移すことで、
それを探し出すことができます。

行動

愛と調和のもとに
あなたの夢や希望に正直になって
行動してみましょう。
そしてそれを明確にしてみましょう。
すると、そこから、それを叶えるための
シンクロが動き始めます。

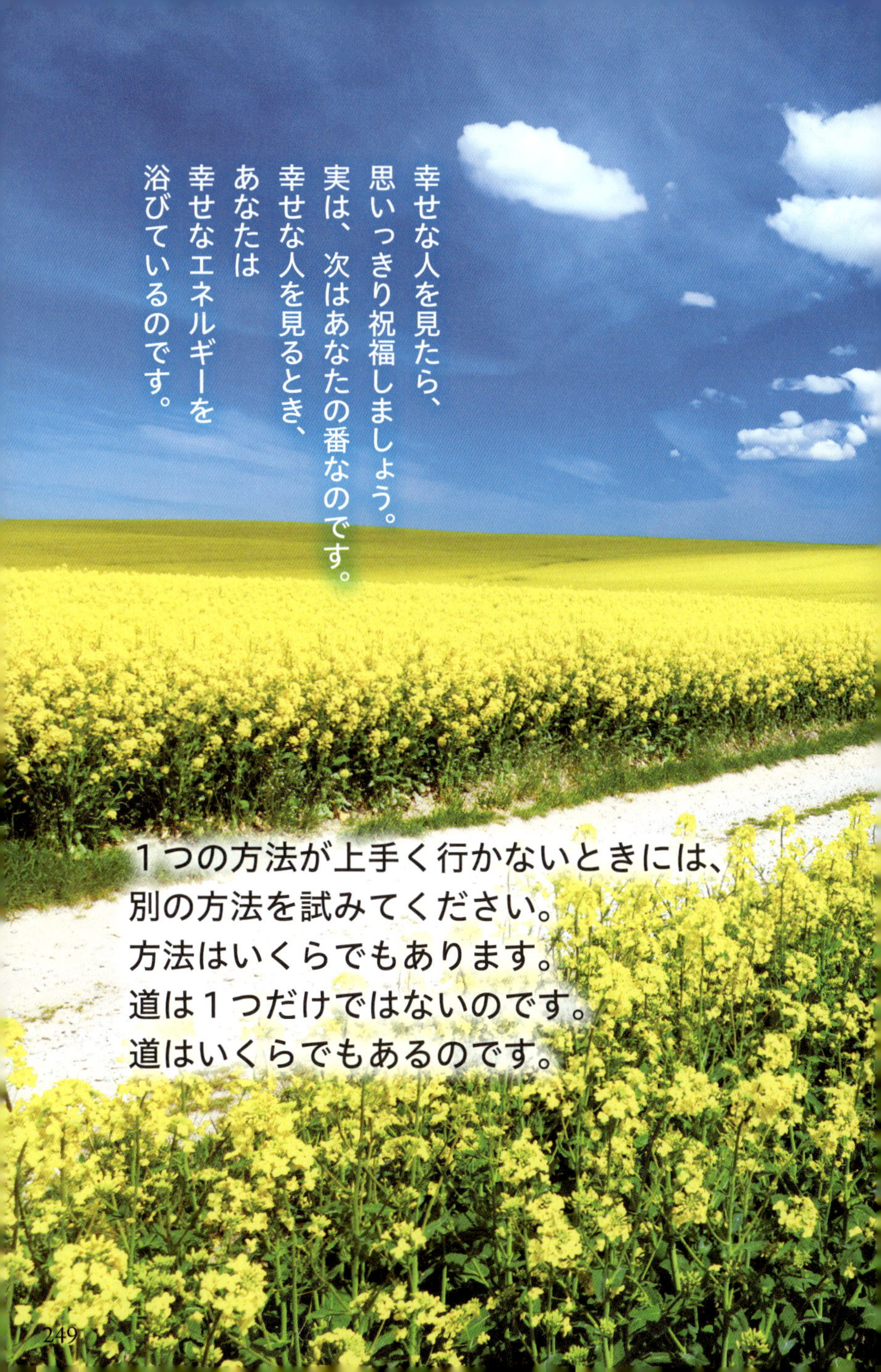

幸せな人を見たら、
思いっきり祝福しましょう。
実は、次はあなたの番なのです。
幸せな人を見るとき、
あなたは
幸せなエネルギーを
浴びているのです。

１つの方法が上手く行かないときには、
別の方法を試みてください。
方法はいくらでもあります。
道は１つだけではないのです。
道はいくらでもあるのです。

内観

何かが
上手く行かなくなったとき、
実はそれは、あなたが
次の成長段階へ
進むときなのです。
その先には、
素晴らしい世界が
待っています。

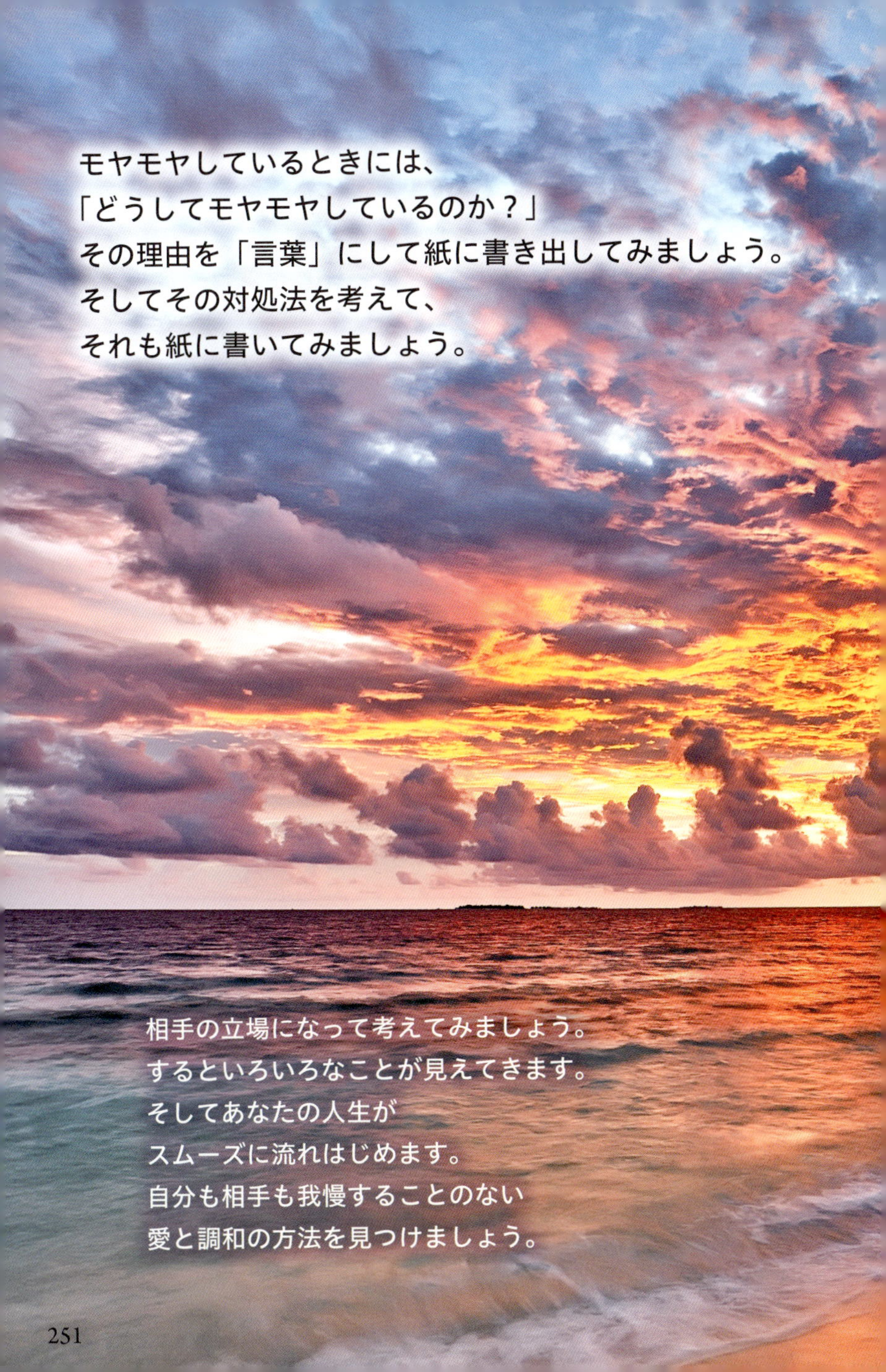

モヤモヤしているときには、

「どうしてモヤモヤしているのか？」

その理由を「言葉」にして紙に書き出してみましょう。

そしてその対処法を考えて、
それも紙に書いてみましょう。

相手の立場になって考えてみましょう。
するといろいろなことが見えてきます。
そしてあなたの人生が
スムーズに流れはじめます。
自分も相手も我慢することのない
愛と調和の方法を見つけましょう。

導き

「この出来事には、どんな意味があるのかな？」
と考えてみましょう。
そこには必ず守護者たちから、あなたへの
シンクロによるメッセージがあります。

何か解決したいコトがあるときには、
とにかく真剣に
考え続けてみてください。
すると
夢やシンクロを通じて、
守護者たちが
必ずヒントや答えを届けてくれます。

守護者たちから
チャンスを与えて
もらう方法はあります。
最も真剣に
準備をした人に
チャンスは訪れるのです。
準備を整えることに
集中しましょう。

おわりに

「見えない存在からメッセージを受け取る 超実践ワークブック」いかがだったでしょうか。

守護者たちとの会話がどのように行われ、どのように練習していけばいいのかが、詳しくおわかりいただけたことかと思います。


この本は一回読むだけでも、守護者たちとの会話の要領・全体像がつかめるように作られています。

そしてさらに七回以上読むと、守護者たちの声が聞こえる感覚がかなりつかめるようになっています。

是非、繰り返し練習してみてください。

あなたは必ず守護者たちからメッセージを、より受け取れるようになります。

そしてそのメッセージを、愛と調和のもとに実行することで、あなたの人生の夢を叶える冒険がよりスムーズに展開されます。

私自身もこれまでに、かなりたくさん守護者たちのメッセージに助けられ、成長させてもらえました。

自分では不可能かと思えることも、守護者たちのアドバイスやヒントのおかげでいくつ

おわりに

も可能にすることができました。

この本の執筆中にも、頭の中にアイデアや文章が浮かぶという形で、何度もアドバイスをもらいました。

この本は、著者である私と総合法令出版の関氏、土屋氏の３人で協力して作ったものです。そして、この３人にそれぞれ、守護者たちがアイデアやヒントを頭に吹き込んでくれていたわけです。

これからは、誰もが直接守護者たちからメッセージを受け取り行動していく時代になります。

何年か先の未来では、そのようなことが当たり前の社会となっています。

是非、あなたも、その先がけとなってみてください。

そしてこの本が、「あなたとあなたの守護者たちとの会話のお役に立てること」を心より願っております。

あなたの夢を叶える人生の冒険の旅が、より楽しく輝くことを心からお祈りしております。


「Ｋ」

著者紹介

「 K《けい》 」


愛知県出身。名古屋外国語大学外国語学部英米語学科卒業。

「見えない世界」のことを多くの人に伝えるべく、作家・クリエイター・講師、そして、シンクロニシティ解読の提唱者として活動している。

最高月間８万ＰＶ以上（2017年８月現在）を記録する人気の霊的覚醒ブログ「 - **Arcadia Rose** - 」では、守護者たちからの依頼のもとに、霊的次元の情報や、この地球や人類の進化のための新たな視点などを発信中。

剣道三段。英語科教員免許、及び日本語教師資格を持つ。

好きな音楽はクラシックとヘビーメタル。

著書に『読むだけで「見えない世界」とつながる本』（サンマーク出版）がある。

ブログ「 - **Arcadia Rose** - 」
http://kanazawax.exblog.jp/

見えない存在からメッセージを受け取る超実践ワークブック

2017年10月５日　初版発行
2017年10月６日　２刷発行

著　者　K
装丁デザイン　山田 知子（chichols）
本文デザイン・イラスト　土屋 和泉
編　集　関 俊介
写　真　shutterstock
発行者　野村 直克
発行所　総合法令出版株式会社
〒103-0001
東京都中央区日本橋小伝馬町15-18
ユニゾ小伝馬町ビル９階
電話　03-5623-5121

印刷・製本　中央精版印刷株式会社

ISBN978-4-86280-576-8
落丁・乱丁本はお取替えいたします。
総合法令出版ホームページ　http://www.horei.com/